中国手作——传统手工艺匠心系列丛书

泥火陶炼

Nihuo Taolian

王锦强 ◎ 审定
周莉芬 ◎ 主编

中国科学技术出版社
·北京·

图书在版编目（CIP）数据

泥火陶炼 / 周莉芬主编 . —北京：中国科学技术出版社，2022.12

（中国手作——传统手工艺匠心系列丛书）

ISBN 978-7-5046-9701-1

Ⅰ. ①泥… Ⅱ. ①周… Ⅲ. ①陶器（考古）– 中国 – 通俗读物 Ⅳ. ① K876.3-49

中国版本图书馆 CIP 数据核字（2022）第 132494 号

策划编辑	徐世新
责任编辑	王轶杰
封面设计	锋尚设计
版式设计	锋尚设计
责任校对	吕传新
责任印制	李晓霖

出　　版	中国科学技术出版社
发　　行	中国科学技术出版社有限公司发行部
地　　址	北京市海淀区中关村南大街 16 号
邮　　编	100081
发行电话	010-62173865
传　　真	010-62173081
网　　址	http://www.cspbooks.com.cn

开　　本	710mm×1000mm　1/16
字　　数	130 千字
印　　张	10.5
版　　次	2022 年 12 月第 1 版
印　　次	2022 年 12 月第 1 次印刷
印　　刷	北京瑞禾彩色印刷有限公司
书　　号	ISBN 978-7-5046-9701-1/K・330
定　　价	98.00 元

（凡购买本社图书，如有缺页、倒页、脱页者，本社发行部负责调换）

编委会

总 顾 问 王锦强

学术顾问 邢葆东　高水旺　郭爱和　刘开宝　金梅泉
　　　　　　金　瑾　葛陶中　钱祥芬　葛昊翔　李人帡
　　　　　　韦君安　王学锋　李卫雪　宋楷战　朱付军

主　　任 周莉芬

副 主 任 刘　蓓　卜亚琳　刘　稳　陈　晨　蔡　卉
　　　　　　张一泓　袁　静　石舜禹　杨　洋　林毓佳

委　　员 郭海娜　崔　倩　薛　萌　谢苏妮　张　阳
　　　　　　樊　川　于丽霞　饶　祎　赵　景

引言

说起陶瓷，大家再熟悉不过了。人们可能会说：中国是陶瓷（china）的发源地，所以外国人才将中国说成China。人们生活中随处可见陶瓷制品，所用的碗、碟、花瓶等大部分都是陶瓷的……但是，如果有人再细问，陶瓷指的就是瓷器吧？瓷之前为什么要加个陶呢？你可能就回答不上来了。

不知从何时起，人们习惯于将陶和瓷画上等号，而忽略了陶的意义。这可能与人们在现实生活中接触更多的是瓷器有关。然而，你知道吗？陶器其实比瓷器有着更悠久的历史——先有陶后有瓷，瓷器是在陶器的基础上发展出来的。

据考古人员多年来对江西上饶仙人洞遗址的研究发现，中国的先民们在两万多年前就已经开始制作陶器[1]——时间远远早于世界其他国家和地区。

那时的陶器，由低温烧成，虽然质地粗糙，厚薄不均，却是人类首次按照自己的意志，以天然物质为原料创造出的一种

复原陶器

---

[1] 在以往考古学家对中国江西上饶仙人洞遗址的考古发掘过程中，对最古老陶器的年代一直不明确。直到2009年，中、美、德三国研究人员在重新清理出来的考古地面层，进行了放射性碳素断代法测定，将最早出现陶器的时间确定为2万～1.9万年前。这项研究的参与者之一、哈佛大学的考古学家欧弗·巴尔·约瑟夫认为："这是世界上最早的陶器。"这项研究发表在《科学》杂志上。

崭新的物质——比起只改变了形态的石斧、木器等，陶土经烧造而成的陶器已经从本质上发生了改变。所以，陶器的出现具有划时代的意义，它成了人类生活中不可或缺的工具，不仅加速了生产的发展，也让人类的生活更加稳定。

中国的新石器时代，制陶技术一直在不断发展，尤其是新石器时代晚期，先民对陶器的制作与运用已较为成熟。陶器不仅被做成盛水、盛酒、盛米等的日用器具，还被做成祭祀用的礼器和贵族陪葬的工艺品等器具。由此可见，陶器已经影响先民生活的方方面面，成为中国新石器时代的典型代表物之一。

新石器时代的陶器有红陶、彩陶、灰陶、白陶和黑陶等多个品种，而且不同文化下的陶器品种、造型和纹饰各不相同。可谓各具特色，异彩纷呈。其中，最具代表性的要数新石器时代晚期仰韶（彩陶）文化和龙山（黑陶）文化的陶器了。

新石器时代陶器

彩陶是仰韶文化的代表物，尤以陕西半坡遗址（公元前4800—前4300年）的彩陶器最为典型。其陶坯主要以细泥红陶、夹砂红陶为主要原料。当时的制坯方法基本为手制，但已出现慢轮修整技术（用转动的轮盘使胎坯缓慢旋转，以便加以修整）。彩陶器型非常丰富，多为碗、钵、杯、瓶、罐、瓮等日常生活用器。

彩陶，又称为"陶瓷绘画"，工匠在制作好陶坯后，会先在陶坯上画上各种各样的彩色纹饰，然后再晾晒，压磨，入窑烧制。这样烧制出来的陶器，色彩艳丽，且不易脱落。正因如此，考古发现的新石器时代彩陶才能在数千年后依旧色彩鲜明。而那些彩陶纹饰不仅风格独特，具有很高的艺术性，而且内容非常丰富，描绘了一幅幅新石器时代的生活劳动场景图，非常生动形象。

比陕西半坡遗址稍晚出现的甘肃马家窑文化遗址（公元前3800—前2000年）也出土了大量高质量的彩陶：这些彩陶纹饰堪称"中国画最早的形式"，并蕴含了很多新石器时代社会的文化信息。

黑陶是山东龙山文化（公元前2500—前2000年）的一个典型代表物，是中国制陶史上与彩陶相媲美的又一光辉之作。和彩陶相

半坡遗址出土的人面鱼纹彩陶盆　　马家窑彩陶器

比，黑陶颜色素雅，造型更加新颖巧妙，实用性强，也更具美感。而且黑陶器形品种也较彩陶更加丰富，主要有罐、杯、盆、豆、鬲、鼎等。

黑陶的制作，一开始主要是一般用泥条盘筑法进行手制，所以制作出来的坯胎比较厚重，表面也不光亮。不过，到山东龙山文化时期，黑陶制作已普遍采用轮制，将陶泥置于陶轮上，借用陶轮快速转动的力量，用手提拉，使之成形。通过轮制法制作出来的陶器形状规整，厚薄均匀，加上陶窑的改进和封窑技术的提高，极大地完善了制陶工艺。

所以，这一时期出现大量的磨光黑陶，尤其是用作礼器的"黑如漆，声如磬，薄如纸，亮如镜，硬如瓷"的"蛋壳陶"。其表现出让人惊叹的工艺水平，将中国史前制陶艺术推上了巅峰。

除龙山文化外，中国南方的河姆渡文化、屈家岭文化、良渚文化等遗址也出现了黑陶器具，在良渚文化遗址中还有了不少磨光黑陶——这表明轮制法制陶已经在中国南北方普遍流行。

到龙山文化晚期，黑陶的烧制又逐渐变得粗糙起来，磨光黑陶也逐渐断烧了。到夏商周时期，光辉璀璨的蛋壳陶几乎被青铜器取代。陶器制作开始回归生活，注重实用性——多用作饮食器或炊器。

古人在对精湛工艺的追求上并未止步。从商代开始，制陶工艺又有了新的发展。在长江中下游地区，出现了在陶坯上施以透明釉料（似玻璃质感）的釉陶——很多专家将这种釉陶称为"原始瓷"。原始瓷与瓷器不完全相同，其坯土用的是陶土，而非瓷土。商代晚期，还出现了一种模仿青铜器的白陶，用淘洗过的白色高岭土（瓷土）做坯，用1100～1200摄氏度的高温烧成。这些白陶纯净洁白，表面常有仿青铜器纹饰的饕餮纹、云雷纹等，制作非常精美，用于祭祀、陪葬，以代替造价昂贵的青铜器。釉陶和白陶的出现为日后瓷器的产生奠定了基础。

汉代，釉陶工艺开始广泛流传，还出现了多种色彩的釉料。东汉至魏晋时期，青瓷出现。南北朝时期，白釉瓷器诞生，至隋唐时期趋于成熟……瓷器逐渐取代陶器，成为人们日常生活的主要用器。尽管如此，陶器在某些领域仍然持续发挥着重要的作用。

在商代早期，中国已经出现了最早的建筑陶器——陶水管；在西周时期，人们已经开始制作陶板瓦、陶脊瓦；到战国时期，人们又创制出了陶质的空心砖等建筑材料。

秦汉时期，经济文化迅速发展，建筑用陶在制陶业中的占比越来越大。制陶工艺也有了新的发展，出现了大量反映当时社会生活、生产的空心画像砖和纹饰瓦当——素有"秦砖汉瓦"之称。

在隋唐时期，人们又创造性地烧制出了流光溢彩的（陶制）琉璃瓦。明清时期，铺地方砖的工艺得到较大提升，出现了平铺如镜、光洁如瓷的金砖。这些金砖被广泛地应用于中国皇家宫殿之内……

从东周开始，中国丧葬就盛行用陶俑作为陪葬物。人们所熟知的有规模巨大的大型陶俑——秦始皇陵兵马俑，以及盛行于唐代的小型

故宫的琉璃瓦

低温釉陶——唐三彩，这些都是陶俑工艺的杰出代表。

唐三彩是中国陶瓷艺术中的珍品，将中国古代三彩陶器制作艺术推向了巅峰，只可惜风光不足百年，后来随着唐王朝由盛转衰，以及制瓷工艺的迅速发展，三彩陶器制作也逐渐衰退。虽然三彩工艺在宋辽金元时期仍有发展，但是其数量、质量和艺术性都远不及唐三彩。后来到明代，三彩陶俑的数量大为减少，到清代初期，三彩陶俑几乎绝迹了。

在明清两代，紫砂陶器却一枝独秀，以其独特的艺术性和实用性，发

唐三彩中的陶俑

紫砂陶器

展为中国最负盛名的陶器品种之一。如今，紫砂陶器也是人们泡茶、把玩、收藏的珍品。

　　看到这里，你是不是对中国陶器的起源与发展脉络有了一个比较清晰的认识？不过，具体到每一种陶器有着什么样的艺术魅力，它的历史演变以及现在的发展状态是怎样的，你可能还不知晓。

　　别着急！下面就让我们踏上时空之旅，从黑陶、琉璃、唐三彩、金砖，到紫砂、坭兴陶、泥咕咕，一起去感受中国历史悠久的陶文化和陶艺术吧。

目录

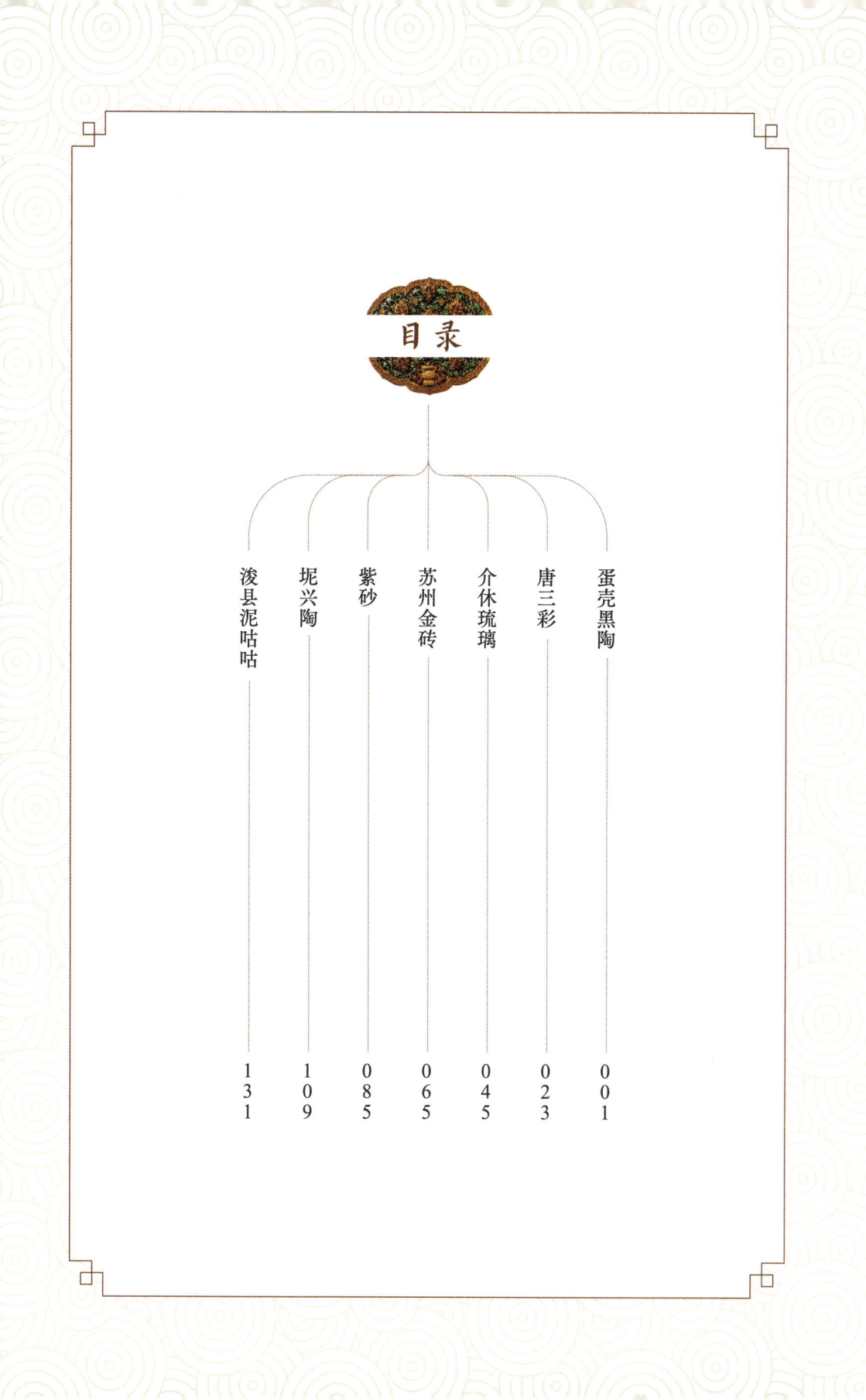

- 浚县泥咕咕 　131
- 坭兴陶 　109
- 紫砂 　085
- 苏州金砖 　065
- 介休琉璃 　045
- 唐三彩 　023
- 蛋壳黑陶 　001

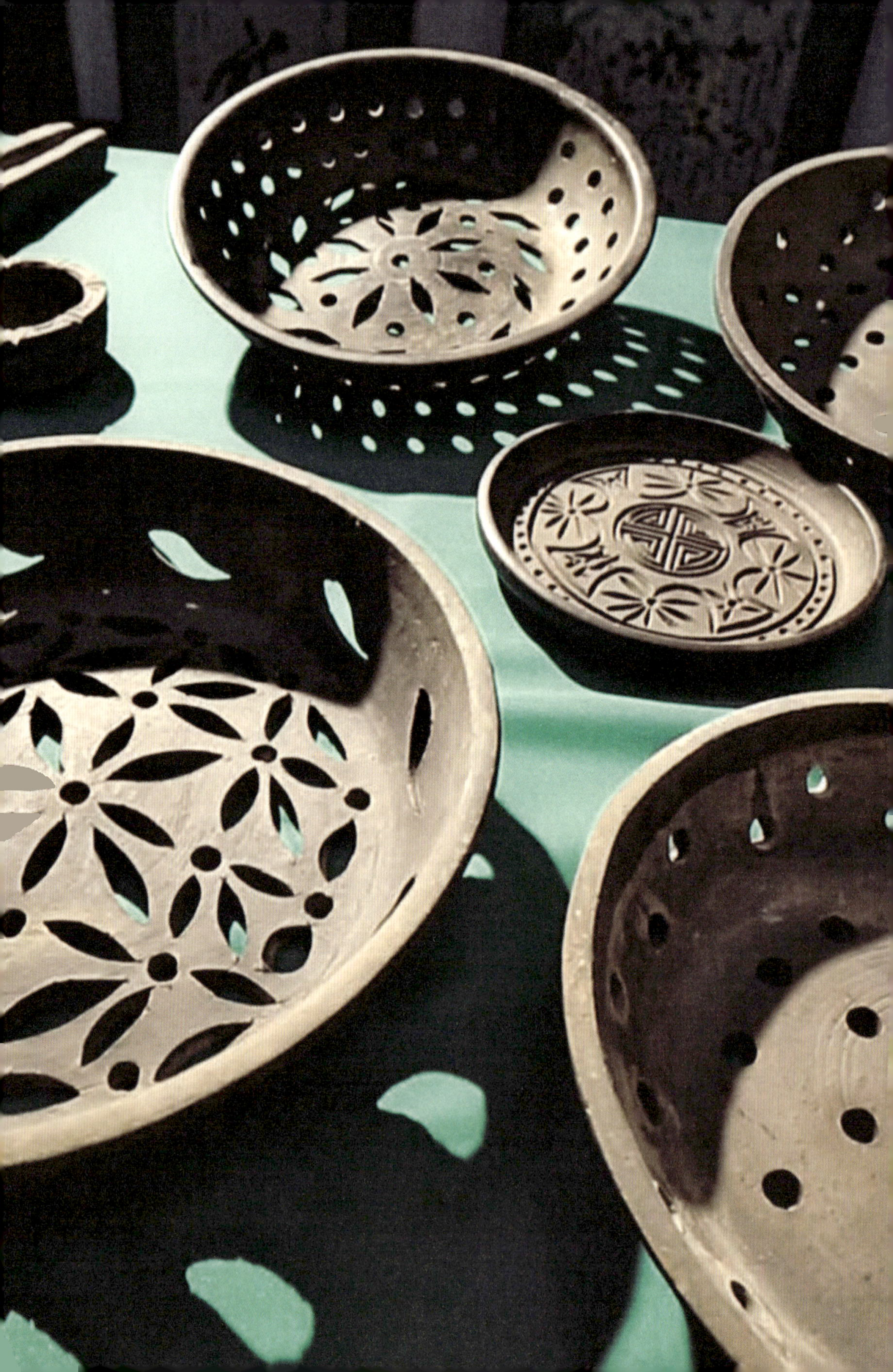

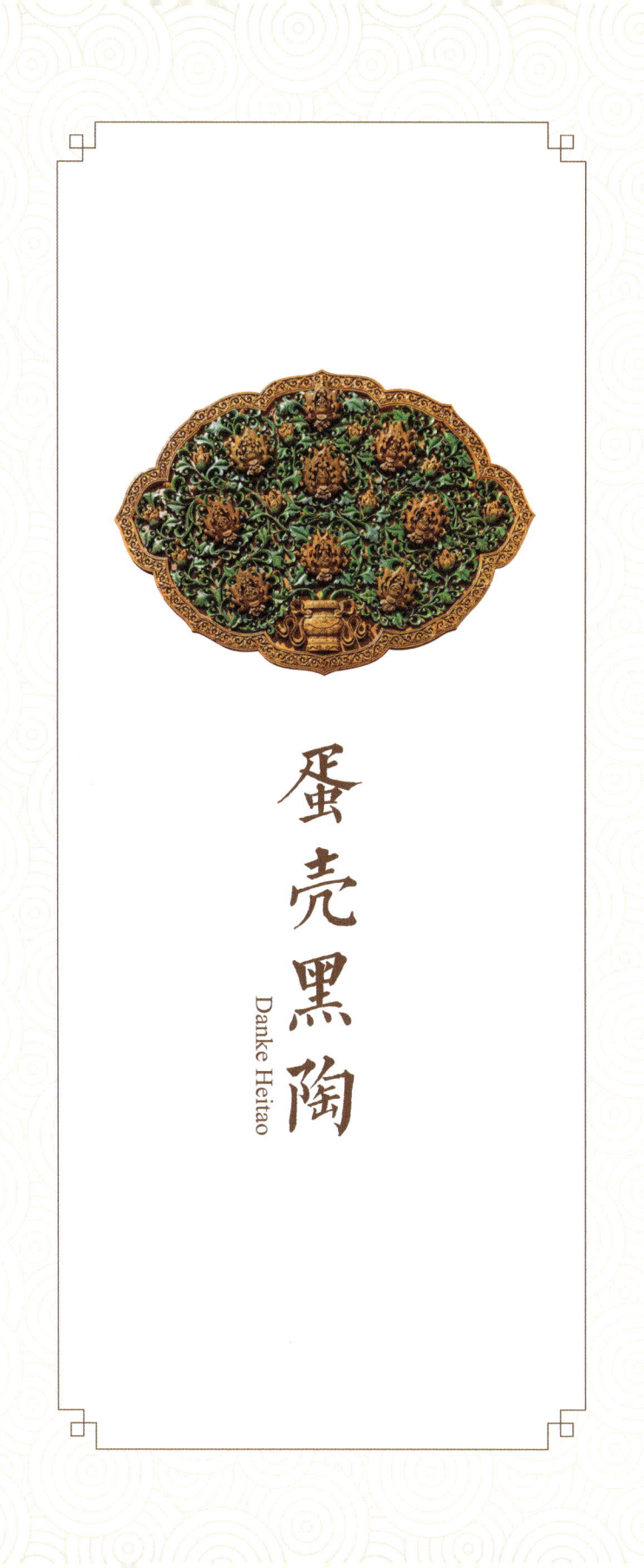

蛋壳黑陶
Danke Heitao

一件作品

这是一尊蛋壳黑陶高柄杯,又称"薄胎高柄杯"。其造型别致精美,工艺绝伦。

它通高19.5厘米,口径4.7厘米。杯身分为三部分:上部是一个喇叭形的敞口,深腹;中部是一根细长柄;底部是圆形的覆盆状底座。其中,中部细长柄的造型很别致,中间有一段鼓腹状凸起,表面均匀地分布着一个个小镂孔和弦纹装饰。

这尊蛋壳黑陶高柄杯更绝妙之处在于胎壁,整个胎壁轻薄而光滑。陶杯表面,虽然没有施釉,但经过长时间的打磨而异常光滑,透着黑色光泽,显得神秘典雅。

你可能很难想象到,这尊蛋壳黑陶高柄杯已经有四千多年的历史了。

现在,它仿若一个高贵的公主,正静静地坐在山东省博物馆内,高傲地接受着人们的赞美。它的"同伴"不多:迄今为止,被发掘出来的蛋壳黑陶高柄杯数量非常少,几乎件件是精品。蛋壳黑陶高柄杯作为蛋壳陶器的一种,是中国龙山文化的典型代表物,也是中国史前陶艺的巅峰之作,被誉为"四千年前地球文明最精致之制作"。

据传,1972年美国总统尼克松在首次访华期间,就提出要看一看中国龙山文化的蛋壳黑陶高柄杯。此物到底有什么神奇的魔力,可以让一位国家元首如此感兴趣呢?我们一起来看一看。

蛋壳黑陶镂空高柄杯

❀ 优点

❀ "硬如瓷"：渗水率低

蛋壳黑陶高柄杯的陶胎内不见任何杂质，制作胎坯的细泥是经过反复淘洗过的，所以它的质地非常细密坚硬，渗水率极低。

中国社会科学院考古研究所曾对4件出土于山东胶州三里河遗址的蛋壳黑陶高柄杯的陶片做测试，发现蛋壳黑陶高柄杯的渗水率微乎其微，只有0.43%左右，已经达到无法用肉眼观察出来的水平，与瓷器的性能不相上下。

❀ "黑如漆""亮如镜"：经久不腐

蛋壳黑陶高柄杯通体黝黑发亮，给人以金属光泽的视觉效果。

山东龙山文化的蛋壳黑陶高柄杯由大汶口文化的黑陶工艺发展而来——中国社会科学院考古研究所的测试结果也表明：当时蛋壳黑陶高柄杯的制作用到了黑陶制作的渗碳着色技术。

简单地说，渗碳着色技术，就是在陶器快要烧成的时候，从窑顶缓缓加水，让燃烧的木炭逐渐熄灭，让产生的浓烟将陶器熏黑。在这个过程中，碳分子会在高温状态下渗入陶胎的微孔里，在经过打磨、抛光后的胎体表面形成一个更加光洁细致的黑色保护层，令蛋壳陶历经几千年而不受水土侵蚀。

黑如漆、亮如镜的蛋壳黑陶现代作品——刘瑶瓶

❀ "薄如壳"：美到极致

"薄如壳"，就是薄如蛋壳，是蛋壳黑陶高柄杯最显著的特点之一，其名也来源于此。

考古学家对已经出土的蛋壳黑陶高柄杯进行研究，发现它们的平均厚度不足0.5毫米，最薄的仅0.2～0.3毫米。所以，蛋壳黑陶高柄杯的重量很小，只有50～70克，有的甚至只有10克。

一般认为，一件薄胎瓷器如果厚度在1毫米以内，工艺就已令人叹为观止，可以称得上"蛋壳瓷"了。相比之下，蛋壳黑陶高柄杯真是薄到极致了。

不仅如此，在这些薄如壳的陶杯表面上，人们可以看到非常工整的镂空、划花、盲鼻、捏塑鸡冠耳、环形耳等装饰工艺。先人对美的不断追求，对工艺的精益求精，震撼着现代人的心灵。

有学者认为，蛋壳黑陶高柄杯复杂成熟的制作工艺，丰富多样的器形设计，为日后陶瓷业的发展奠定了美学基础。蛋壳黑陶高柄杯在龙山文化晚期就断烧了，但它的器形却长久地传承了下去，以至于在唐、宋、金时期的耀州窑、定窑、磁州窑系的瓷器中也经常能找到相类似的器形。

✤ 用途

❀ 一种特殊的酒器

曾经有个当代黑陶巧匠，尝试着不借助现代工具，而完全仿照原始制陶工具来制作蛋壳黑陶高柄杯，结果只有千分之一的成功率。而即使是仿制的成品，也只能做到形似，而胎壁根本没有办法做到像蛋壳那么薄。

人们不禁要问：四千年前的古人，为什么要费尽心血去制作如此精美的蛋壳黑陶高柄杯？难道仅仅是用来喝酒，就像现在的高脚杯一样？

据博物馆工作人员介绍，蛋壳黑陶高柄杯是一种祭拜时用来盛酒的高级礼器。那时的龙山地区滨海，常常会发生地震、海啸等自然灾害，而生活在那里的人则认为这些自然灾害是海神在发怒，所以非常崇拜和敬畏海神。

为了阻止海神发怒，他们想了各种办法来祭拜他。然而，尽管他们非常虔诚，海神却还是不领情——地震、海啸等自然灾害还是频频发生。

后来，人们发现，在灾难来临时，鸟类却照样还能在天空中自由飞翔，并没受到什么影响。他们认为，海神一定是眷顾身形娇小的物种，那么用轻盈小巧的酒杯来祭拜海神，他可能就不发怒了。于是，他们就创制出了蛋壳黑陶高柄杯。

所以，蛋壳黑陶高柄杯并不是史前社会富贵人家用来喝酒的杯子，而是一种在祭拜海神等礼仪上使用的特殊酒器，属于礼器的范畴。

海啸肆虐

象征身份和地位的随葬品

蛋壳黑陶高柄杯还是一种专供权贵阶层随葬用的礼器,是身份和地位的象征。

据考古研究发现,蛋壳陶主要出自较大型的墓葬中,且在墓葬中也有着比较特殊的存放位置——一般不与其他遗物混杂放置,而是独自放置在墓主人的头边、脚边或上肢一侧的某个显著位置。而且,在一些墓葬中出现了蛋壳黑陶高柄杯和猪下颌骨并存的情况——在那个时代,猪下颌骨是财富的一种象征。

这些现象都说明了在当时社会,蛋壳黑陶高柄杯已经脱离了普通陶杯的实用性,上升为一种身份和地位的象征。

身份与地位的象征——蛋壳黑陶高柄杯

一位有缘人

❂ 发现者

1928年4月，在清华学校（今清华大学）人类学专业就读的吴金鼎（中国著名考古学家），来到山东省汉代平陵城遗址（距离龙山镇城子崖2.5千米）作假期野外考察。

有一次，他经过龙山镇城子崖，不经意间发现路沟边的断崖横截面上可能藏着一条十米左右的古文化地层带。经过严密勘察，他认定龙山城子崖遗址是新石器时代的一个村落。

此后，他先后5次到城子崖进行调查采集。在这个过程中，他发现了一些非瓷非釉却闪着黑色光泽的陶片，而且这些陶片无一例外地总是与石器、骨器共存。他就此认定，这是一种新的史前文化——以黑陶为代表的龙山文化。

在这些黑陶片中，有一些非常特别，薄如壳却坚硬如瓷——这就是蛋壳陶器的首次发现。

除了山东城子崖遗址，日照两城文化遗址、潍坊姚官庄遗址等其他龙山文化遗址，也出土过一些精美的蛋壳陶器。

❂ 创始人

如此精美的黑陶制品因考古学家的发现走进了人们的视野，可是谁创造了它呢？

"精美的黑陶制品与蛋壳陶是以舜为代表的一代陶工的伟大创造，闪烁着文明曙光的蛋壳陶，人们可将其称为'舜陶'。"

——《龙山文化与舜"陶河滨"》（刊登于《中国文化报》）

相传，舜是黑陶的创始人。

据考古学家研究发现，舜在世的时间和活动地域正好与龙山文化中期相吻合，而且一些古文中，也不止一次地出现了舜制陶的故事。比如，在《墨子·尚贤下第十》中，墨子说道："舜耕于历山，陶于河滨，渔于雷泽，灰于常阳，尧得之服泽之阳，立为天子。"

对于舜提升了黑陶制作的工艺水平，《韩非子·难一》中也有记载："东夷之陶者器苦窳，舜往陶焉，朞年而器牢。"苦窳，意即粗制滥造。

工艺断代后的继承者

蛋壳黑陶的工艺在龙山文化晚期之后就已绝世，也就是说，从那时候开始，一直到考古学家重新发现它，蛋壳黑陶工艺出现了四千多年的历史空白。

至于为什么会失传，有这样的说法：由于蛋壳黑陶的制作工艺难度非常大，只有极少数人掌握了这项工艺，如果碰到战乱或天灾，艺人失传的概率就会很高。而一旦失传，后人再想拾起这门技艺就非常难。而且，蛋壳黑陶毕竟只是少数贵族的专属，市场需求量很少，即使失传，对人们的影响也不大。再加上青铜器和瓷器工艺也慢慢发展起来，逐渐取代了蛋壳黑陶，人们对它的关注度就更低了。

那么今天，有没有人能够重拾先辈们的手艺，将黑陶艺术传承下去呢？

庆幸的是，在20世纪80年代初，先人烧制蛋壳黑陶高柄杯的陶体匣钵被考古学家发掘出来后，经专家们反复试验，终于试制成功。蛋壳黑陶的制作之谜被解开了，从此开启了黑陶制作的新时代。

现代蛋壳黑陶作品——盛世龙盘

此后，山东的日照、济南等地也陆续有蛋壳黑陶工艺探索者获得成功的消息。

邢葆东就是一位当代中国黑陶制作大师。他是河北省邯郸市馆陶县人，自幼随祖母学习民间技艺，师承艺术家汪易扬、寇维君先生，多年专注于黑陶技艺的研究、传承与创新发展。

他的黑陶作品往往融声、色、形、艺为一体，题材上多以中国传统书法、绘画、装饰等为创作源泉，在造型设计上融合古今特色，在艺术风格上独树一帜。其黑陶代表作有《盛世龙盘》《孔子竹简》《山东大嫚》《陶祖》《家》《福寿葫芦》《龙凤砚》《陶花》《盛世龙瓶》《八仙瓶》……他制作的当今最大蛋壳黑陶镂空高柄杯、红陶鬶被博物馆收藏。

邢葆东创办了黑陶邢艺术中心，成为中国黑陶文化博物馆的馆长。他也是山东省非物质文化遗产（黑陶烧制技艺）代表性传承人，并拥有《"画说"中国黑陶文化简史》《黑陶技法》等多个黑陶文化著作版权。

黑陶大师邢葆东

《盛世龙瓶》与《八仙瓶》

一门手艺

中国黑陶文化博物馆里，陈列着一件与出土的原始蛋壳陶杯按1∶1比例仿制的作品。这件作品看上去精美典雅，拿在手里特别轻巧，据说它比一朵玫瑰花还要轻。

然而，这件精美的蛋壳黑陶到底是如何制作出来的呢？

首要工作——挖泥选料

做好蛋壳黑陶的第一步——挖泥选料非常重要。

山东东营的黄河入海口，是邢老师选取蛋壳黑陶泥料的地方。

黄河入海口

取河泥

邢老师说，入海口处的黄河泥，是最好的做蛋壳黑陶的原料：一是黄河一路奔腾，经过九曲十八弯，水中的泥沙已经被冲刷得非常细腻了，而陶泥的细腻程度直接影响到坯体的可塑性、延展性和成坯后的稳定性；二是这里的泥含铁量高。黄河入口处的泥取回后，再和山东日照当地黏性较高的黏土配成为中性黏土——这就是最好的蛋壳黑陶坯的制作原料了。

最关键的技术——"拉坯"

陶泥取回之后，还需要进行晒泥、沉淀过筛、制泥等过程，对陶泥进一步加工细化。唯有如此，才能保证陶胎不见任何杂质，并呈现均匀细密质感。这一步做好了，才能保证蛋壳黑陶达到极低的渗水率。

之后，就进入了蛋壳黑陶制作最关键、也最考验匠人的"拉坯"环节。邢老师告诉我们，要做好拉坯，没有个三五年的功力，是不可能的。

考古学家在许多出土的蛋壳黑陶胎体中，看到了极其细密的同心圆拉坯痕迹，这证明古代匠人在制作胎体时使用了在当时非常先进的快轮拉坯技术——这是历史上最早使用快轮技术的典范。

拉坯要先将练好的泥坯稳固地放在拉坯机的中心，一只手稳固好坯体，另一只手蘸水润滑——如果不加水的话，泥料在搅拌过程中会非常涩，所制成坯体的中心就无法被准确确认。拉坯机一启动，双手握住泥坯，慢慢地将泥条扶正起柱。制陶匠人用手就能衡量陶坯的厚薄，他们的手比钢尺还精准。随着拉坯机匀速转动，泥坯温度会逐渐升高，而陶体的雏形逐渐显现，直到轮廓清晰。

拉坯

◈ 其他繁复的制作过程

当然，拉坯只是黑陶制作的基础，想要加工出的蛋壳般的薄胎陶器，还必须应用刃口极锋利的刮刀类工具，边旋转边刮修泥坯，使器壁达到极薄。

刮修泥坯

然后再晾干，磨光。蛋壳黑陶之所以光亮无比，是因为用磨光石对胎体表面的长时间打磨，会让胎体中的石英、云母、绢云母等反光物质的颗粒顺着一个方向排列。这样，蛋壳黑陶先前对光线的漫反射也就随之变为了平行反射，让胎体表面看起来熠熠发光。

磨光

接下来，才是镂孔、纹饰雕刻、高温碳化等环节。十几道工序完成后，一件蛋壳黑陶才算完成。在这个制作过程中，每一步都很讲究，要求做到极致，容不得半点瑕疵。

现代工业社会的科技发达，而传统工序如此之难，是不是可以用机械制作来代替人工仿制呢？

对于这个问题，邢老师斩钉截铁地表示："绝对不行！我们是专业制陶人，一定要让下一代了解我们的祖先，要将这门手艺原汁原味地传承下去，让这种工艺精华继续流传，这种文化影响得更为久远。"

邢老师在内心中保留着对黑陶文化最初的信仰和崇敬，这也是支持他几十年如一日地钻研黑陶艺术的力量。

坚持传承的邢葆东

一方水土

◉ 黑陶城日照

日照，是中国山东省东南部的一座城市，位于黄海之滨，距离今天的黄河入海口——山东东营有四百多千米。它的西边是山东临沂市，南边是江苏连云港市，北边是山东青岛市、潍坊市。

日照历史悠久，文化底蕴丰富，在新石器时代，北辛文化、大汶口文化、龙山文化一脉相承，成为中华文化的重要发源地，被牛津大学《世界史便览》称为"亚洲最早的城市"。在夏商时期，日照属东夷。

山东日照

日照是山东龙山文化遗址最为集中的地区之一，包括两城镇遗址、东海峪遗址、尧王遗址、丹土遗址等多个"国家级龙山文化遗址"，被中外考古学家誉为"考古圣地"。

日照，也是"中国黑陶文化之乡"，有"中国黑陶城"之美誉。日照黑陶是龙山文化的典型代表物，被史学家誉为"原始文化中的瑰宝"。

日照出土的黑陶制品制作精细、美观，尤其是东海峪遗址出土的中国仅有的两件完整的蛋壳黑陶镂孔高柄杯，更是工艺精湛、美妙绝代。

东海峪出土的完整蛋壳黑陶高柄镂空陶杯，现收藏于国家博物馆

"四千年前亚洲最大的城市"

提到日照黑陶，就不得不提一下两城镇遗址。两城镇遗址是龙山文化的典型遗址，是龙山文化时期的一处古国都城城址。

两城镇遗址位于山东日照市山海天旅游度假区的两城镇。

1934年，中国第一代考古专家梁思永、尹达等在山东东南沿海进行考古调查时，发现了这座被历史尘封了几千年的古都城遗址。

虽然今天的两城镇遗址只是一个大村落，但在4000多年前是一座大型的龙山文化之城。据考古学家调查发掘，两城镇遗址在当时是筑有大型防御设施的、经过高度整合的早期国家的都城。遗址方圆1千米，总面积在100万平方米左右，是迄今所发现的龙山文化遗址中面积最大的城市聚落之一，牛津大学《世界史便览》也曾经写道：公元前2800—前2000年，中国山东日照两城为亚洲最大的城市。

1936年，在两城镇遗址的大面积发掘中，考古学家发现了50多座墓葬，出土了一批玉器、石器、陶器等精美的龙山文化代表物。其中，精美绝伦的蛋壳黑陶镂空高柄杯是代表了4500多年前中国史前制陶业高水平的珍稀陶器。

　　而20世纪60年代征集的兽面玉锛（或称为圭），也是迄今为止在山东地区发现的史前玉器中精美的一件，是甄别传世龙山文化兽面玉器的标准器物。

　　两城镇遗址就像一个巨大的考古宝藏，不断地有遗迹和遗物被发现。两城镇遗址所展示的史前文明，也越来越丰富，越来越清晰。

一段历史

据考,中国的先民们大约在一万多年前开始进入新石器时代,而陶器是中国新石器时代的重要代表物。

此后,陶器的发展历经裴李岗文化和磁山文化的红陶、仰韶文化的彩陶,再到屈家岭文化的黑陶和龙山文化的黑陶。

原始陶器

陶器的使用促进了原始社会劳动生产力的发展,而劳动生产力的逐渐提高又反过来增大了人们对陶器的需求,加速了制陶业的发展,出现了专门从事制陶业的群体。

据考古学家研究发现,蛋壳黑陶是由大汶口文化晚期的黑陶工艺发展而来的,黑陶制作工艺和烧造技术方面体现出明显的传承关系。

首先掌握薄胎陶杯技术的并不是在龙山文化中,据考古发现,在它之前的屈家岭文化(代表江汉文化)晚期,轮制技术和烧制工艺已经非常成熟和高超,能够烧制出陶胎薄如蛋壳的彩陶。而屈家岭文化和大汶口文化在河南交汇,自然也促进了大汶口文化制陶业的工艺发展。

大汶口文化晚期出现了黑陶和白陶两个重要的制陶新品种:白陶的出现为以后瓷器的发展奠定了技术基础;而磨光黑陶质量更精、数量更多,古人烧出了"薄如壳、亮如漆"的薄胎黑陶。大汶口文化晚期制陶工艺的显著进步,标志着中国制陶史上出现了一个鼎盛时期。

大汶口文化发展至龙山文化时期，黑陶工艺在舜帝的带领下走向巅峰。比起大汶口文化晚期出现的少量薄胎黑陶，蛋壳黑陶已经成为龙山文化的主要黑陶器具，正如《中国考古学》（中国科学院编写）所说："龙山文化就是在大汶口文化的基础上成长起来的。同大汶口文化一样，龙山文化的陶器绝大部分素面无纹，显得朴素雅致；炊器中多鬶和鼎，饮器中多薄胎的黑陶高柄杯。"

　　而且，在工艺上，龙山文化时代的蛋壳黑陶也是空前绝后的，只可惜，黑陶工艺到达极致之后，在龙山文化晚期开始衰落，黑陶器壁厚逐渐增加，工艺也逐渐粗糙，蛋壳黑陶之精美"一去不复返"了。

一袭传统

❀ 龙山文化≠黑陶文化

如果现在有人问你,龙山文化是不是就是黑陶文化,你会怎么回答?

在人们的印象中,龙山文化和黑陶文化是可以画等号的,因为龙山文化最早发现的时候,就是以磨光黑陶为典型代表物。所以,考古学家一开始也是以"黑陶文化"来命名的。

然而,龙山文化是一个更加广泛的考古学概念。

随着考古发现的不断深入,考古学家又发现了与龙山文化同时期的其他文化,这些文化的内涵却与龙山文化相差较大——黑陶的特征并没有那么显著。因此,考古学家开始加上地名来区分各地的文化,如山东龙山文化、中原(河南)龙山文化、陕西龙山文化、山西龙山文化……

不过,各地的龙山文化虽然文化面貌不尽相同,却都具备了一些共同的特点。

城址

龙山文化的一个显著特征，就是如雨后春笋般建立起来的具有防御功能的城址，这是社会发展到了一定阶段的产物。

目前，仅在山东龙山文化区内，明确的龙山文化城址就有十多处：龙山城子崖、日照两城镇、阳谷景阳冈、滕州庄里西、日照尧王城……

随葬品

龙山时代的社会已经出现了相当明显的阶层分化。

在各地的龙山文化遗址中，有大规模的随葬品，而且不同墓葬的随葬品的规格也不同。比如，在同一个墓地内，规格最高的墓葬，普遍都是施以彩绘的一棺一椁，并以玉冠饰、玉簪、玉钺、玉刀、绿松石串饰、蛋壳黑陶高柄杯等贵重器物随葬；而其他小墓葬，就没有葬具，只有少量的陶器随葬。

从广义上看，龙山文化其实是指地处黄河流域地区，在龙山时代（新石器时代晚期或铜石并用时代）出现的，以黑陶、灰陶为主要特征的考古学文化。因此，也称为"龙山时代"。而前面所说的以磨光黑陶的广泛使用为特征的龙山文化，只是一种狭义的龙山文化，更准确的说法应该是"山东龙山文化"，或者"海岱龙山文化"。它只是一种典型的龙山文化。

不过，作为龙山文化的典型代表物，黑陶以其独特的魅力征服了时空的阻隔，让当下的人们也为之惊叹不已。

现代山东黑陶作品——百龙瓶

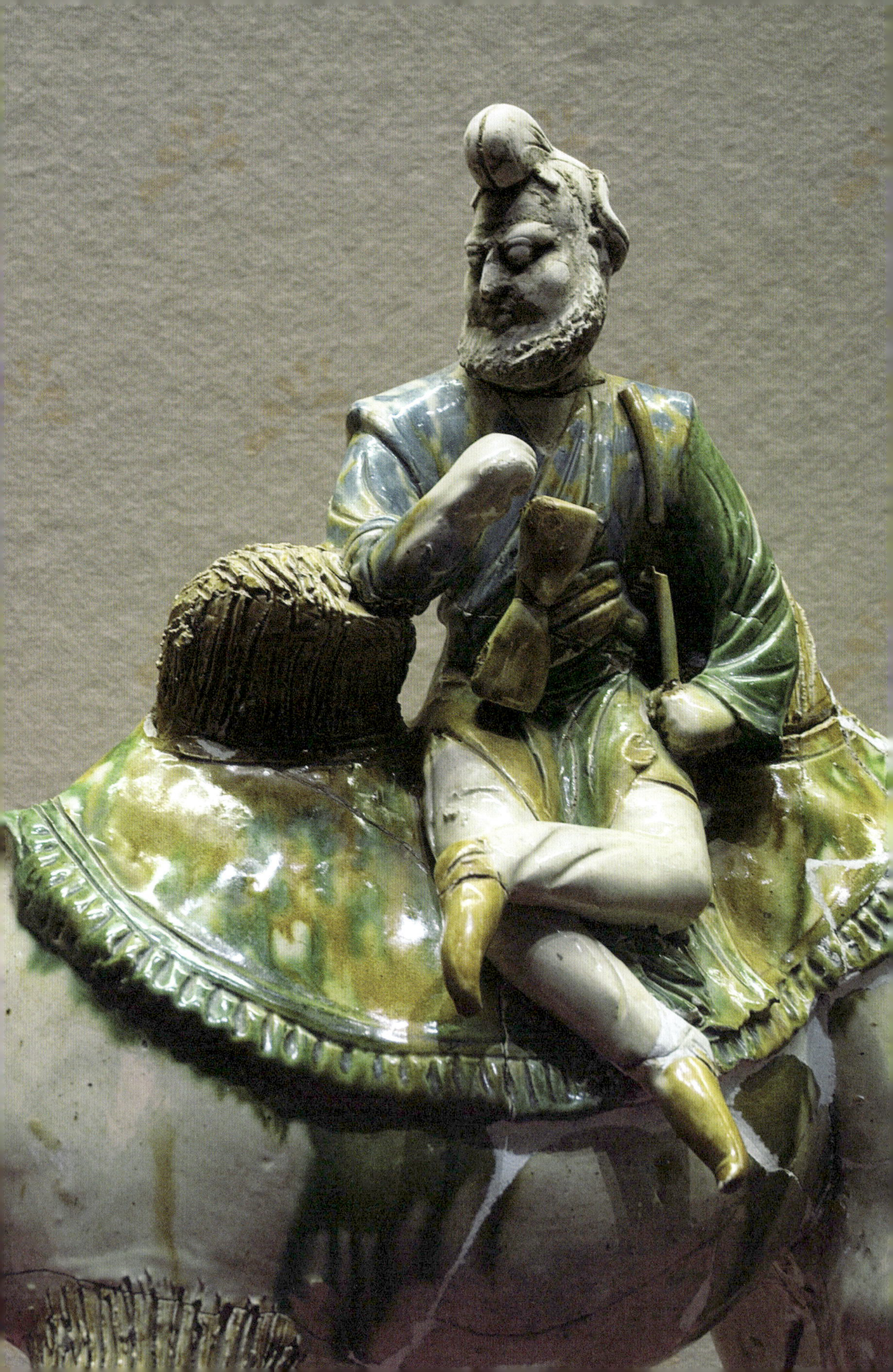

唐三彩
Tangsancai

一件作品

　　这张照片拍摄的是现存于郑州博物馆的唐三彩作品。一个女扮男装的唐代少女，穿着宝蓝色的衣裙，英姿飒爽地跨骑在马背上。她面部丰腴，笑容可掬，两耳旁各梳着一个发髻，双手紧握缰绳，自信地驾驭着这匹体形健壮的棕色骏马，骏马似正腾空跃起……

　　这个作品，人物表情刻画得栩栩如生，马的动作形态惟妙惟肖，就连缰绳和马鞍上的小装饰也雕塑得细致入微，再配上浓淡有致、流光溢彩、历久弥新的三彩釉，堪为唐三彩中的精品。

唐三彩腾空马

三彩骑马乐俑

像这样精美的唐三彩还有很多，如体态丰盈的仕女俑、谦逊温和的文官俑、威风凛凛的武士俑、深目高鼻的西域胡人俑、载着丝绸（或乐器）的骆驼俑……可以说，唐三彩反映了中国古代最辉煌的时期——唐代的历史和文化，是唐代的一张文化名片。

唐三彩是中国家喻户晓的国粹。不过即便如此，人们对唐三彩的了解也可能只停留在表面。对于这个中国古代陶瓷艺术的珍宝，不论是其艺术性还是历史文化意义，都值得去深挖和细品。

唐三彩的特点

唐三彩是在唐代盛行的一种彩色釉陶器，属于陶俑的范畴。三彩釉始于唐代，黄、绿、白是成品中使用最多的三种颜色，所以就有了唐三彩这个名称。

不过,"三"在古代汉语中是一个量词,指的是多,而"三彩"实际上是多彩的意思,并不是专指三种颜色:有的三彩器上还呈现出蓝、赭、紫、黑等多种颜色,有的只有一两种颜色。

唐三彩自诞生以来,就以生动逼真的造型、精致绝美的雕塑技艺,赢得了海内外人们的青睐。

❈ 造型丰富多变

唐三彩的造型非常丰富。

唐代的工匠们用写实主义的创作手法,塑造了器皿、模型和俑像等多个类别。其中,每个种类的造型都是千姿百态,如器皿包括了钵、碗、尊、杯、罐、砚台、香炉等;模型包括房子、仓库、假山、阁楼、水榭等;俑像又分为人物俑和各种动物俑,人物俑又包括了天王俑、文官俑、武士俑、贵妇俑、少女俑、书童俑、侍女俑、牵马俑、骑马俑、乐舞俑等造型。

可以说,唐三彩就像一部包罗万象的百科全书,向人们生动地展示了唐代社会的方方面面。

❈ 雕塑富有神韵

唐三彩作品看起来总是栩栩如生,富有神韵。

如三彩骏马俑,几乎个个都身姿矫健,骨肉匀停,线条优美,其动感造型也是千姿百态:或昂首,或回望,或跳跃,或嘶鸣,面部神采飞扬。

人物俑也不逊色。如仕女俑多高髻广袖,丰满肥美,她们或弹奏乐器,或巧笑倩兮,或雍容华贵……将唐代崇尚丰腴、阔硕的审美观完美地展现了出来。

❁ 色彩绚丽华美

釉色是唐三彩最靓丽的特点。

在唐代以前,釉陶器一般使用的釉色比较单一,而唐代的工匠们却创造性地在一件器物上同时使用多种釉色,并且利用三彩釉在煅烧时的自然流动性,让它们艺术性地相互交错、融合,如此成就了绚丽华美的唐三彩。

❁ 装饰博采众长

众所周知,唐代有着"天国"之称,它的开放包容,促进了中国各民族之间相互融合,更促进了丝绸之路沿途贸易的鼎盛。在这个背景下,唐代的雕塑、染织、金银器、陶瓷等各种艺术形式也都相互借鉴,迅速发展。在这股艺术浪潮中,唐三彩的工匠们也是博采众长,不断创新。

比如,唐三彩融入染织特色,不仅模仿染织上的晕染效果,形成斑驳缤纷的色彩效果,还借鉴了染织图案,形成了"白斑加彩"等纹样工艺,这也是唐三彩最主要的装饰特点之一。

✣ 唐三彩的用途

由于唐三彩胎质松脆,防水性能比当时出现的青瓷和白瓷差,所以一般不作为生活陶器使用。它在唐代的用途主要有以下几个。

❀ 陪葬明器

低温铅釉陶自汉代出现以来，就一直用作陪葬明器使用。到了唐代，发展出来的三彩釉陶最主要的用途也还是用作明器陪葬——现已出土的唐三彩器，绝大多数都是从唐墓里面挖掘出来的。

❀ 宗教用品

唐三彩的第二个用途，就是作为宗教用品使用。

最有名的是，考古学家在陕西临潼唐庆山寺舍利塔遗址中发现的，用作佛前供具和供品用的三彩盘和三彩南瓜，以及属于护法神兽的三彩狮。

另外，在唐代长安青龙寺遗址中，曾经发现三彩佛像残片两枚。据专家分析，这是盛唐时期的遗物，到晚唐武宗灭佛时才被埋于地下。在一些唐三彩窑址中，还发现了素烧的罗汉头和佛龛，考古学家认为这些极可能是尚未上釉的三彩器。

不过，相比起大量出土的三彩明器，三彩宗教用品的数量少之又少。

❀ 建筑材料

唐三彩作为一种陶器制作工艺，另一个重要的用途就是制造建筑材料。

人们熟悉的琉璃瓦，从广义上说，也属于唐三彩，是低温铅釉技术在建筑上的运用。其工艺与三彩俑、三彩器大同小异，只不过琉璃多用单色釉，而三彩俑和三彩器更喜欢使用多种釉色。

文化交流

除此之外，唐三彩在唐代还成为中外文化交流的一颗明珠，广泛地流传到世界上的其他国家，影响深远。

据古资料显示，唐三彩不仅在中国盛行，还通过"丝绸之路"传入日本、新罗（位于今朝鲜半岛）以及南洋（今东南亚）、中东、欧洲等地，深受外国人的喜爱。其中，日本、新罗和波斯（今伊朗）的人们还仿照唐三彩的烧制工艺，成功烧造出了带有当地特色的"日本奈良三彩""新罗三彩"和"波斯三彩"。

如今，唐三彩在国际文化交流上仍然发挥着重要作用。近年来，唐三彩作品已经被作为中国的国礼赠送给了60多个国家的元首和政府首脑，增进了中国同世界各国的文化交流和友谊。

现代唐三彩

一位有缘人

史书中关于唐三彩的记载非常少，所以在它于宋代断烧后就从人们的视线中消失了。直到1928年，陇海铁路修筑到洛阳邙山时意外地毁坏了一批唐代墓葬。

当时，人们从墓葬中发掘出了一大批色彩斑斓、形状各异的釉陶陪葬品，有三彩马、仕女、骆驼、乐伎俑、枕头等多种造型。但是，人们一开始并不知道那些东西有什么价值，当时也没有文物保护的法律。所以，附近的村民纷纷来"盗墓"。他们挖走那些珍贵的金银器、珠宝，而将这些妨碍他们寻宝的釉陶器随便乱扔，甚至砸碎。

直到有人将一些保存完好的釉陶器运至北京，这些彩色釉陶器才有幸得到了著名的古器物学家罗振玉、王国维的极大关注。他们在对这些釉陶器进行鉴定之后，高度赞赏了它们的艺术价值和历史价值，并给它们取名为"唐三彩"。从此，唐三彩身价倍增，在中国陶瓷史上找回了自己的地位。

非物质文化传承人

如果要评出当今唐三彩技艺最重要的传承人，那一定非高水旺莫属。

高水旺是土生土长的河南省洛阳市孟津区南石山村人，对于唐三彩的制作，从小便耳濡目染。然而，在学习研究过程中，他遗憾地发现唐三彩工艺的一些高端绝技早已失传。

于是，他一方面四处寻访老艺人的后代，尽最大的努力了解可能留存的技法；另一方面潜心钻研，将北邙山搜寻到的碎落三彩残品带回家，一块块地观察对比、研究成分，每次制作之前都要一遍遍地到博物馆看造型、成色及纹样。终于，经过无数次失败之后，他成功地制作出了高度仿真的唐三彩。

不过，这个高超的复原技艺，还差点让他遭受"牢狱之灾"。

1987年，高水旺烧制出一件仿古的唐三彩马，被一位到他家做客的朋友顺手拿走了。后来，这个仿古三彩马在古董市场被当成真品转卖。高水旺也因此被公安人员盘问。后来，在他再三解释下，才没有被逮捕。

1994年，此类"乌龙事件"再次发生。当时，文物专家在北京潘家园古董市场，突然发现一批北魏时期的陶俑，外表陆离斑驳，如刚出土的文物一样。为了不让"文物"流失，故宫博物院特批10万元、中国历史博物馆花80万元，将全部陶俑买了下来。

然而，潘家园市场还是不断出现北魏陶俑，而且数量越来越多。专家们怀疑是古墓被盗，随即报警。公安人员一路追查，又来到了高水旺家。他们发现，高水旺家里不仅有北魏陶俑，还有各种各样的唐三彩。细问之后，他们才知道，这些原来都是高水旺一个人的作品——这些陶俑，几乎与原作一模一样，连做旧的手艺也特别高超，以至于人眼、机器都难以辨别真假。

此后，高水旺的名气越来越大，并于2009年被评为"国家级非物质文化遗产唐三彩烧制技艺项目代表性传承人"。

唐三彩技艺传承人高水旺

其他现代传承人

除了高水旺等传统艺人对传统唐三彩工艺进行尽善尽美的传承以外，洛阳三彩艺术大师郭爱和还在传承的基础上对其进行创新，并结合时代特点，创造出了全新的现代唐三彩工艺品——三彩釉画。

其三彩艺术作品多次获得国内外大奖，他也因此成为中国工艺美术界唯一囊括七大国际国内金奖的作者、河南省唯一一位双国字号艺术大师。

有人这样评价：郭爱和的三彩艺术作品"是中华传统工艺美术与现代生活的有机结合，陶瓷材料与陶瓷艺术工艺的有机融合，陶瓷装饰艺术与环境美学的有机统一，赋予了中国传统陶瓷艺术创新的灵感和生命力"。

一门手艺

唐三彩的制作工艺十分复杂,将陶瓷、染织、国画、雕塑等传统工艺相融合,形成了特有的唐三彩烧造技艺,被纳入第二批"国家级非物质文化遗产"名录。

❀ 选料和加工

选料是每一种陶器制作的首要步骤,唐三彩也不例外。

唐三彩的陶坯原料不是一般的陶泥,而是高岭土,也就是瓷土。这种黏土质地细腻,无杂质,且含铁量低,加工后的泥料具有很强的可塑性。

泥料开采出来后,需要经过一系列的加工环节才能制坯。和其他陶器的制作方法大同小异,唐三彩泥料也是要经过晾晒、挑选、舂捣、研磨等一系列的加工工序,然后再用水浸泡,调和成泥浆,之后还要放入澄泥池里进行沉淀。

沉淀一段时间之后,泥料自然分层,制坯时只取上层细料——这样的泥料可塑性强,制作时手感光滑,便于修整,而且二次釉烧时与釉层的结合性较也比较强。取好的泥料还要经过反复揉搓、捏练、陈腐等工序,才能加工成可以使用的陶泥。

高岭土采集现场

制坯

模制印坯

模制印坯是唐三彩的主要制坯工艺。

这个制模工序和琉璃瓦大体相同，只是多了一个分割陶坯的过程。

制模时，工匠们先将加工好的陶泥雕塑成各种造型，再将其按部位分割（以便出模），然后用黄土翻制模具——这种材料的陶模吸水性好，泥料不易沾在上面。

一般地，装饰用的贴花等小附件用单模就可以，但是像人物、动物和生活用具等主体制作，就需要用到更好脱模的合模了——正反两个半模，合在一起就是一个完整的陶模。

制好的模具晒干后，再烧制成陶模，就进入印坯环节了。

印坯时，工匠们先将陶泥放入合模，用手按压。然后用胎泥调成糊状的黏合剂，黏接合模，用等模具里的陶泥具有了一定强度，就可以出模了。然后，再将制作好的陶坯部件重新黏接，组装成型。

当然，粗坯做出来以后，还需要用工具把黏接处和模缝线修整好。这时，一个成型的唐三彩陶坯就做出来了，技术好的工匠能够使胎坯宛如天成，看不出任何黏合的痕迹。

◉ 轮制刀削

轮制刀削工艺是在制作唐三彩圆形器皿类（如碗、碟、杯、盘、壶、罐等）的主要工艺。唐三彩的轮制刀削工艺和传统的陶器制作工艺没有什么不同，也是工匠们用轮制手拉坯，通过轮盘的快速转动，将陶泥由下往上逐渐拉起，直至拉出成形的陶坯。由于拉坯过程中可能出现厚薄不一的情况，所以通常还需要二次上轮，在轮盘转动的过程中利用刀工削整。刀削工艺不仅保证了作品的美观，而且还能使陶坯在窑内高温焙烧时不变形。

◉ 轮制与模制黏接相结合

在生活器皿类的唐三彩中，还广泛使用轮制与模制黏接等工艺相结合的制作工艺。如陕西省西安唐墓出土的唐三彩塔式盖罐，罐的主体用轮制，器身的兽首则是模制，而腰部莲花瓣装饰又用捏塑，最后再一件件黏接而成。

◈ 二次烧制

陶胚制作完成后，经过晾干，就可以入窑素烧了。虽然唐三彩的制坯工艺有多种，但焙烧工艺差不多：

第一次烧制是低温（最高900～1100摄氏度）素烧，然后分拣出来无瑕疵的胎体进行细致打磨，待胎体表面光滑后，再对其施釉。

釉面晾干后，再进行二次烧制——釉烧。釉烧用的窑炉是土窑（俗称"馒头窑"），以经过挑选的干木柴为燃料，经过5～6小时的稳步升温，烧至850℃左右即成。这时，一件流光溢彩的唐三彩艺术品就制成了。

施釉和彩绘

因为三彩釉具有自然流动性,且能够很好地和胎体结合,所以只要施釉得当,经过煅烧的唐三彩釉面就能呈现出五彩斑斓的艺术效果,这是唐三彩釉陶艺术最突出的特点之一。

在唐代,工匠们把铁、铅、铜等金属砸成薄片,分别放入铁锅中加热氧化,再把氧化物取出,加以碾磨、筛选,用水漂洗,然后将粉状按比例加入石英粉,用水调和出釉料。所以,三彩釉料的颜色往往是褐色或橙红等较单调、暗沉的颜色。

然而,经过低温煅烧之后,这些最初朴实无华的三彩釉在炉内产生窑变——变成可自然流动的玻璃状,不同颜色的彩釉互相融合——成就了唐三彩出窑时"异色兮纵横,奇光兮灿烂"的华丽蜕变。

至于唐三彩的施釉工艺,也是非常之多,如随意散施法、定型施釉法、局部条纹定施法、贴花加彩法、印花填彩法、斑块施釉法……每一种工艺都有自己的特点和不同的艺术效果。掌握好了施釉工艺,工匠们才能制作出精美的唐三彩作品。

工匠在给唐三彩施釉时,一般会将人物头部和面部留出来,以免釉彩在焙烧时四处流动而破坏"妆容"。而唐三彩人物丰富的表情和妆容,是通过第二次焙烧后的"开相"(彩绘)工艺表现出来的。

彩绘的颜料取自天然:首先将各种颜色的软石质磨碎,再经过漂洗,并利用精细物质加水成为水彩。彩绘时,工匠先给焙烧后的陶坯涂上一层白色底粉,再画出眼睛、眉毛、胡须、口涂朱红、巾帽……工匠在彩绘时需要根据人物不同特征,如性别、年龄、地位等,刻画出不同人物的面部表情和内心世界。

开相是唐三彩作品制作中画龙点睛的一步。开相之后,唐三彩的人物形象就变得生动传神、惟妙惟肖起来。

至此,一个完整的唐三彩作品才算大功告成。当然,现代唐三彩的制作以机械工具为辅助,虽然产量提高了,但品质上远远不如传统手工唐三彩。

一段历史

❀ 在大唐盛世中孕育发展

说起唐三彩的起源，不得不再次提起中国悠久的陶器制作历史。早在仰韶文化时期，中国的先民就已经创烧出了造型精美的彩陶。到了汉代，又发展出了深绿、浅绿等颜色的单色釉陶器。再经过魏晋，到了隋代，已经发展出了可以多种釉色同时交错使用的新制陶技术。

到了初唐高宗时期，工匠们不仅继承并发展了前代三彩器的烧造工艺，并且大胆创新，成功配制出了白色、天蓝、棕黄、茄紫、赭黑、翠绿等更多的彩色铅釉。于是，举世闻名的"唐三彩"诞生了。

不过，在初唐时期，唐三彩的品种很少，制作工艺也还刚刚起步。后来，贵族阶层以大量的精美唐三彩器陪葬，并相互攀比炫耀，在唐代厚葬之风推动下，唐三彩的品种越来越多，制作也越来越精美，到盛唐玄宗时期，到达鼎盛。

"安史之乱"是唐代经济的转折点，唐三彩也从此衰落。虽然之后的宋和辽也烧制三彩陶器，但是产量和质量都不及唐三彩。

所以说，唐三彩始于唐也断于唐，有着鲜明的时代烙印。或者，我们也可以说，是大唐盛世孕育和发展了唐三彩。

❀ 话说三彩马和三彩骆驼

在现已出土的唐三彩中，动物形象多为马和骆驼，为什么呢？这其实和当时的时代背景有关。

都说唐人爱马，在唐代，从皇帝到宰相、文人学士，从武官到文官，几乎人人都以骑马为乐趣，甚至不少女子也有着很好的骑马技术——文首的唐三彩就是贵族少女骑马的造型。

究其原因，可能和唐高祖李渊有胡人血统有关。李氏家族最早是从盛行骑马风俗的西北地区迁过来的，所以自唐代，这一风俗便一直延续了下来。唐太宗李世民更是喜欢收养宝马，尤其是突厥马。皇帝爱马，臣民们也都纷纷效仿，爱马、骑马很快就发展成一种社会潮流。再加上唐代从西域引进了不少良种马，身姿矫健，速度快，深受贵族的青睐，所以马自然就成了唐三彩中数量最多的造型。

唐三彩中骆驼造型多，这和当时繁荣的对外贸易有关。通往西域的丝绸之路是唐代对外贸易的交通要道，而在丝绸之路上，主要的交通工具就是"沙漠之舟"骆驼，它们既是往来商客的坐骑，又是运载商品物资的重要工具。所以，在唐三彩中，经常能看到有着西域风情的胡人骆驼俑。

胡人牵骆驼俑

一方水土

　　河南省洛阳地区是中国出土唐三彩最多的地方，其数量之多、造型之美，让人惊叹，如今也成了中国唐三彩最重要的产地。

　　在洛阳市孟津区的南端，有一个南石山村。该村地处北邙腹地，是洛阳唐三彩的发源地，也是中国首次发现唐三彩的地方。

　　据说，当年在唐代古墓中发现唐三彩的时候，唐三彩工艺已经失传很久，而且出土的唐三彩很多都残缺不全。于是，南石山村的手艺人们开始了唐三彩的修补工作。也正是在这个过程中，他们逐渐摸索和掌握了唐三彩的制作工艺，开启了仿古唐三彩之路。

河南洛阳市

20世纪50年代,国内掀起了一股唐三彩收藏热。这极大地激发了人们从事仿古唐三彩的热情,那时候全村多数人家都学会了仿制唐三彩,并出现了家庭式的仿古唐三彩作坊。南石山村也因此成了"工艺唐三彩"的肇始地、唐三彩生产的专业村。

如今,南石山村已经被打造成了一个唐三彩特色的旅游小镇:在一排排古朴别致的农家小院的门楼上、屋脊上,到处都是形态各异的仿古唐三彩俑;而道路两旁的店铺内,也摆满了造型各异的唐三彩仿古工艺品……置身其中,宛如进入了一个露天的唐三彩艺术博物馆。

位于南石山村的唐三彩博物馆,也是国内首家以唐三彩为主题的专题性博物馆,它向人们集中展示了各种唐三彩的仿古作品以及现代三彩文化的精品。

一袭传统

唐三彩在唐代主要用作陪葬明器。不过，作为一种明器，却以如此精益求精的姿态在唐代盛行，就不得不提到唐代的厚葬文化了。

中国自秦汉时期开始，便已有厚葬风气。究其原因，可能和古人普遍存在的灵魂不灭观念以及深受孝道礼仪的影响有关。厚葬文化在隋唐以及其后的明清诸代尤为盛行。

唐王朝从唐太宗贞观年间开始，国力日益强盛，人们的物质文化生活逐渐丰富，对生活质量的要求也不断提升。在这样的背景下，对墓葬讲究排场也逐渐成为一种社会风气。

唐太宗李世民铜像

当时，唐太宗就提出要制止厚葬："虽送往之典，详诸仪制，失礼之禁，著在刑书，而勋戚之家多流遁于习俗，间阎之内或侈靡而伤风，以厚葬为奉终，以高坟为行孝，遂使衣衾棺椁，极雕刻之华，灵輀明器，穷金玉之饰。富者越法度以相尚，贫者破资产而不逮。徒伤教义，无益泉壤，为害既深，宜为惩革。"

然而，厚葬的社会风气却是积重难返，就连唐太宗自己也是"说一套做一套"。当年，他的父亲李渊驾崩后，他就下诏："山陵制度准汉长陵故事，务从隆厚。"众所周知，汉代是历史上厚葬的

典型,这个诏书不就是要给全天下人们树立厚葬的"榜样"吗?

所以,虽然历代唐朝政府都下令禁止厚葬,并对陪葬品的品类和数量都做了明文规定——其数量和体积都应根据官职的大小、等级不同而定,但厚葬之风还是屡禁不止。比如,当时无论是达官贵族还是平民百姓,用来陪葬的唐三彩器数量几乎都超出规定的很多倍。

不过,厚葬文化毕竟要以强大的经济实力为基础,一旦唐代经济开始衰落,厚葬文化也必然会随之衰落。

唐三彩器

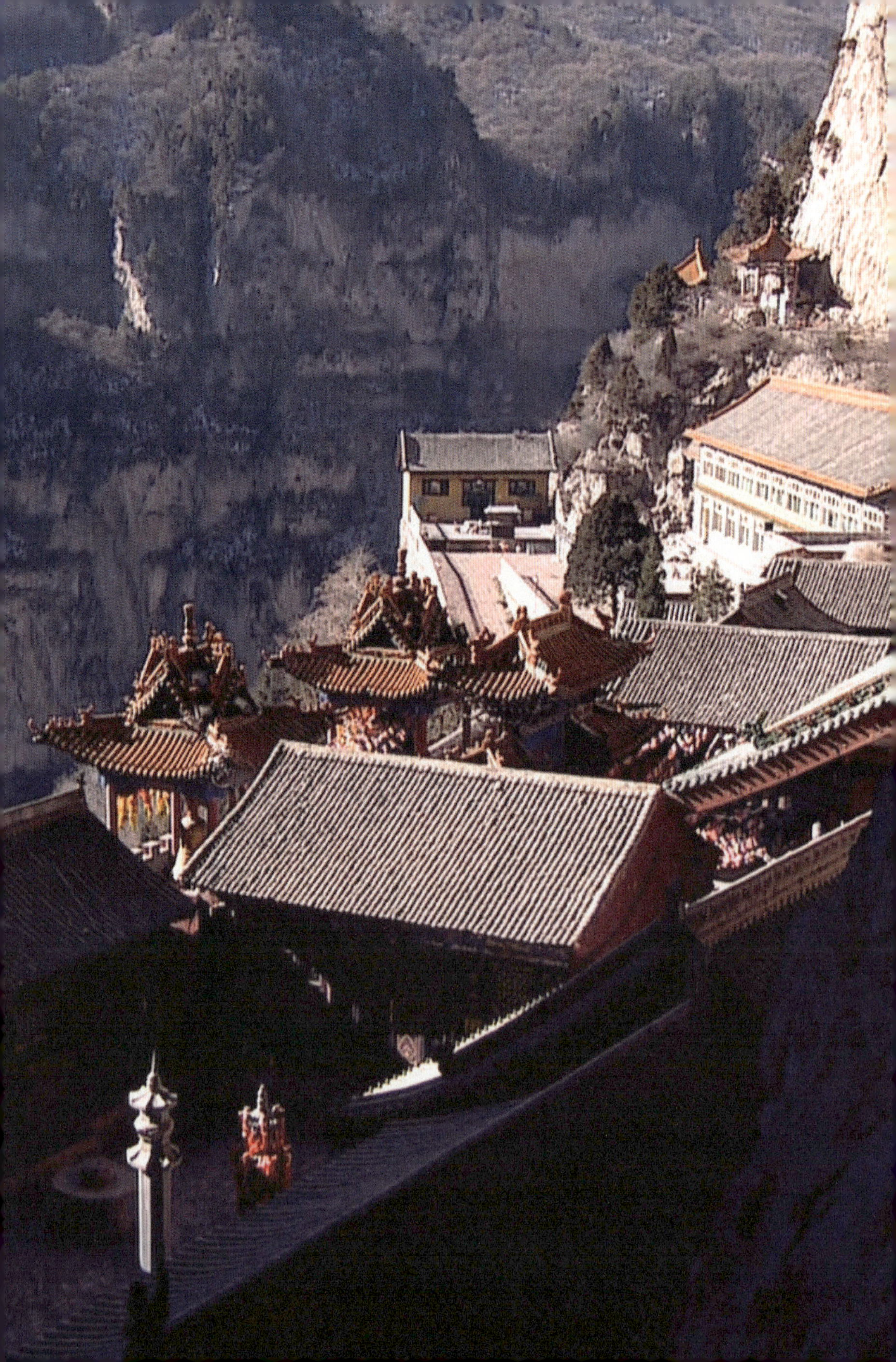

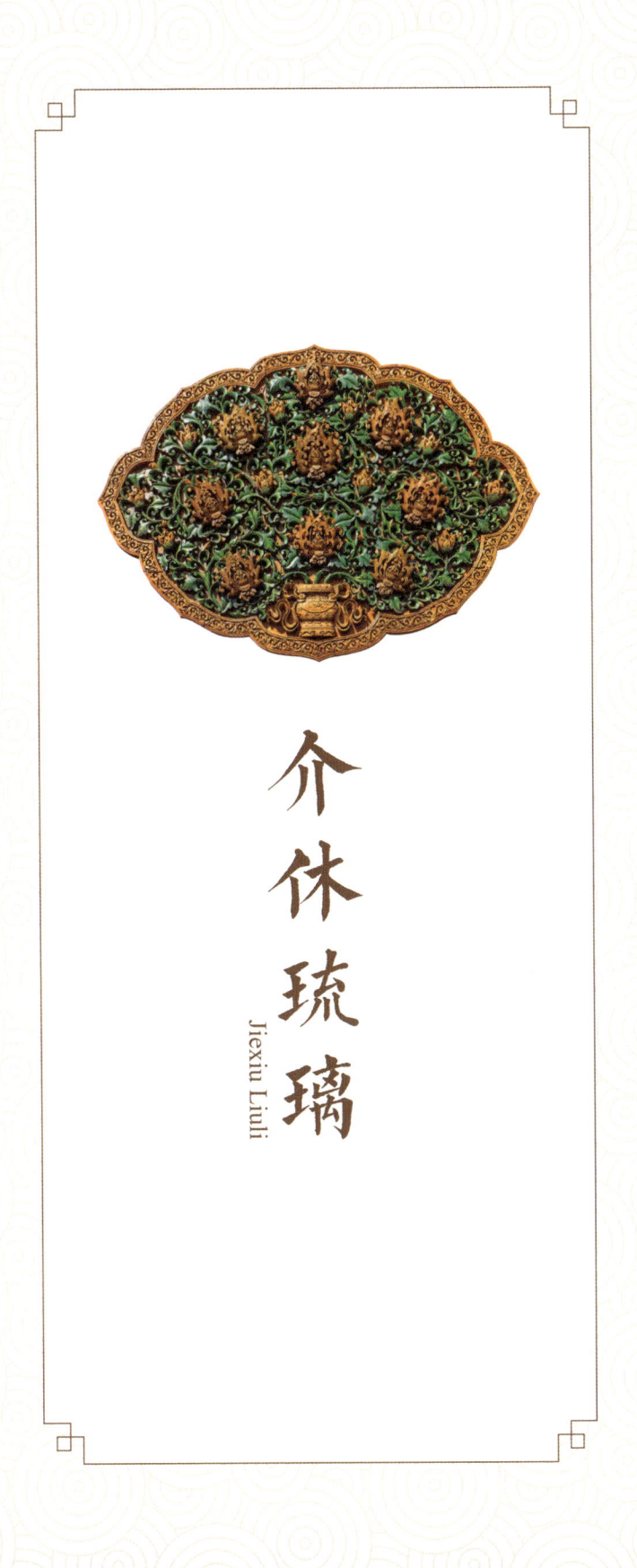

介休琉璃
Jiexiu Liuli

一件作品

　　第一眼看到这个牌坊，就被它深深震撼到了。它高8.5米、长9.65米、宽1.55米——这么一个庞然大物，竟是通体用琉璃装饰。不仅4根支撑的大柱子全部用孔雀蓝琉璃贴片包砌，柱子上的脊刹、鸱吻，檐角的瑞兽、檐顶，也用黄绿蓝三色琉璃铺饰而成，就连木椽端头也都用琉璃构件来装饰。

　　人们通常见到的牌坊，大多是素色石坊，少数饰以彩绘，而像这样通体用彩色琉璃构件搭套安装而成的实属罕见。而且，牌坊上面每一个用琉璃烧制的图案——花卉、卷草龙、寿山、瑞兽及八卦，都非常精美；每个门框上的花式雀替，也都雕琢得细密繁复。

　　在阳光的照射下，整座牌楼色彩艳丽，璀璨夺目，仿佛一个永远年轻的贵妇人，画着华丽精致的妆容，端庄典雅地站立于前，微笑着向人们诉说着她的故事。这个"琉璃牌坊"就是建于清光绪二十三年（1897年）的太和岩牌楼，最初是介休市北辛武村真武庙的庙前坊，是中国琉璃艺术发展到明清鼎盛时期的重要代表作，品位很高，非常珍贵。

太和岩琉璃牌楼

◉ 琉璃是什么？

在说琉璃的特点和用处之前，我们有必要知道琉璃到底是什么。

喜欢工艺品摆件的朋友可能会说，琉璃是一种很像玉石的工艺品。但喜欢古代建筑艺术的朋友可能又会说，琉璃是用来装饰建筑的琉璃制品，我们经常在古代皇室建筑（如故宫）上看到。

这两种解释都没有错。在中国琉璃艺术发展史上，两种琉璃工艺都有：前者是一种基于脱蜡铸造工艺的玻璃艺术，属于玻璃的一个种类；而后者却是在制陶工艺的基础上发展起来的。

从专业角度上讲，可以把琉璃解释为"由含铝和钠的硅酸化合物烧制而成的釉料"。根据成分占比，琉璃又分为钠钙琉璃和铅钡琉璃两个系统。西方古琉璃主要是钠钙琉璃，质地追求透明感。而中国古琉璃主要是铅钡琉璃，因技术成熟较晚，需在烧制时加入大量助溶剂（铅）来减少烧制难度，所以成品透明感不强，光泽类似于玉石。

据记载，琉璃最早在中国出现的时候，主要是指以琉璃珠等形式为主体的装饰品和器皿。自北魏起，古代匠人们开始将琉璃与砖瓦烧制相结合，逐渐形成了中国特有的建筑琉璃。经过千百年的发展，到明清时期，建筑琉璃逐渐成为中国琉璃应用最主要的领域。所以从那时起，人们所说的琉璃一般都是特指建筑琉璃。

◉ 特点和用处

用于古建筑上的琉璃，被统称为"琉璃构件"，一般分为以下四类：

第一类是板瓦、筒瓦，用来铺盖屋顶，也就是我们通常所说的琉璃瓦，是盖房顶的极佳材料。琉璃瓦是经高温烧制而成的，所以它的耐高温性能非常好，能够经受住太阳长时间的照射而不变形、不褪色，很耐用；而琉璃瓦的釉层又让它们具有了极佳的防水性能、保温性能，以及易于清洁的优点。这些都是普通陶瓦所不及的。

第二类是琉璃砖，用来包砌墙面以及其他部位，主要起到装饰作用。

第三类是脊饰，即屋脊上的装饰。古建筑上的脊饰一般包括：大脊上的鸱尾(正吻)、垂脊上的垂兽、戗脊上的走兽等。

第四类是琉璃贴面花饰，有很强的装饰性。贴面花饰的琉璃图案非常丰富，造型百变：有各种动植物的，有人物故事的，也有各种几何纹样……

这些丰富多彩的琉璃构件，不仅让古琉璃建筑更好地保存了下来，而且还让它们历经几百上千年，依然金碧辉煌、光辉夺目。

由琉璃脊饰、琉璃瓦与琉璃砖构成的影壁墙

北京故宫的琉璃贴面花饰

一位有缘人

❂ 名称由来

关于"琉璃"二字的由来,有一个美丽的传说。

相传,范蠡在冶炼废料里发现了琉璃。当时,他正在督造"王者之剑",看到琉璃色泽艳丽,堪比玉石,于是就将它送给了越王。而越王呢,因为感念范蠡的铸剑之功,就又将原物赏给了他,并赐名为"蠡"。

后来,这块琉璃被范蠡作成了精美的定情之物,赠给了西施。无奈,越国被吴国打败,西施被选去吴国和亲。临行前,西施将定情物送还给范蠡,眼泪落在"蠡"上,"蠡"变得越发流光溢彩。

因此,"流蠡"的名字就在民间流传开了,而琉璃就是由流蠡的谐音演变而来。

这就是"琉璃"二字的由来。不过,它刚开始所指的只是质地透明,稀缺珍贵的钠钙琉璃,也就是我们前文说到的第一种琉璃类型。

范蠡画像

❂ "绿瓷"

虽然中国在北魏时期,已经将琉璃工艺用于建筑之上,但不幸的是,到了两晋时期,由于北方游牧民族势力日益昌盛,阻断了中原地区与西亚各国的联系,琉璃的发展也因此中断。

庆幸的是，到了隋代，有个叫何稠的工匠又恢复了琉璃工艺。《隋书·何稠传》记载："时中国久绝琉璃之作，匠人无敢措意，稠以绿瓷为之，与真不异。"肯定了何稠对中国琉璃工业的发展做出的开拓性的贡献。

景德镇至今还流传着何稠烧制琉璃的故事：何稠为了烧制琉璃，亲自去景德镇新平镇采办原料，并在那里与匠人一起烧制成了绿釉器皿。由于何稠巧思好学，在前人制作绿瓷的经验基础上加以改进，提高了烧成温度，绿釉器皿烧成后更美了。

虽然何稠制作的"绿瓷"到底是瓷还是玻璃，或者是瓷与玻璃的结晶，至今尚无定论。但是有人认为，何稠烧制的可以充当琉璃的"绿瓷"，或者说是他在景德镇留传下来的这项绿瓷制作技术，成了后来琉璃砖瓦的滥觞。

现代传承人

清末民初，中国的琉璃产业由盛转衰，在战争年代，更是深受重创、一蹶不振。而后，随着时代的发展，建筑材料的更新迭代，传统的琉璃烧造工艺日渐式微，琉璃烧制技术甚至出现断代。

琉璃技艺传承人刘开宝

四狮抬瓶

  在这样一个社会背景下,山西介休的刘开宝决定要力挽狂澜。他向父辈学习和继承了家族世代相传的琉璃烧制技艺,成为全国为数不多的古法琉璃烧制技艺的传承者。

  琉璃的颜色丰富多彩,其中最为名贵的非"孔雀蓝"莫属。其颜色高贵典雅,色泽饱满,是琉璃中的精品。孔雀蓝琉璃色釉创烧于元朝,兴盛于明清,可是后来其制作配方却不幸失传了。

  经过多年的潜心钻研、反复试验,刘开宝终于在2013年恢复了失传几百年的"孔雀蓝烧制技艺"。同年,他制作的以孔雀蓝釉为主打色的"四狮抬瓶"(寓意"世世太平")亮相介休市博物馆广场。

  不仅如此,刘开宝还有意将自己的一对子女培养成了下一代介休琉璃烧制技艺的传承人。他说:"我的一儿一女,一个在学国画,一个在学雕塑,我想让他们继续把琉璃传下去。"

  2021年夏,正值中国共产党成立100周年华诞,刘开宝先生携女儿刘文婷共同制作完成了琉璃艺术品——"麒麟闹八宝",向党的生日献礼,并嵌刻在了新落成的介休文化艺术中心戏楼的影壁之上。

  对于子女可以继承琉璃制作技艺,刘开宝很是欣慰。他说,这条路会很艰难,但他希望跟孩子们一起坚持走下去,继承并发扬中国的传统文化,让琉璃之光继续闪耀在非遗文化的历史长河中。

一门手艺

每一个传统的手工艺作品的制作技艺都不简单，琉璃制品也是一样。从进山选料、原料加工，到琉璃的塑形、素烧，再到施釉、釉烧，每一道工序都很重要，耗时很长。尤其是大型的琉璃制品，没有三四个月的时间根本做不出来。

备料

琉璃制作对原料的要求很高，稍有不慎，烧出来的作品就会有杂质。琉璃讲究的就是表面的光彩和经久耐用、不易破损的性能，所以制作琉璃的原料一定要有强度，而且原料的加工也都必须按照比例完成。

塑形

原料加工好后，便进入了塑形工作。琉璃是中国雕塑艺术的重要介质。大部分琉璃构件，尤其是脊饰、琉璃贴面花饰等的塑形工作，都需要用到雕塑工艺。

塑形也是最考验琉璃匠人的工序。作品出来之后是否传神，就看匠人的雕塑功底了。所以，琉璃匠人往往要在塑形上花很长时间，从形态设

塑形

计到局部细节，都需要匠人去精雕细刻，反复修整。在这个过程中，匠人必须保持足够的耐心与专注，一点点细化打磨，才能做到细致生动。

◉ 制作模具

等雕刻工作完成后，就进入下一道工序。你可能会认为，泥坯雕刻好之后就应该进行烧制了。但琉璃构件的制作工序并非如此——雕刻好的泥坯是用来制作模具的。匠人首先将石灰水浇注在泥坯的一面，等它凝固成石膏，便可得到这一面的造型。然后，再用同样的方法浇筑在泥坯的其他面。最后，将每个面的石膏拼合好，这就得到一个完整的石膏模具。

模具的制作是为了批量生产，不过这还仅仅是开始，琉璃制作的过程漫长而考究。

制成模具

◉ 素烧

制作完成的素坯还须进行十来天的风干，之后才可以初次入窑烧制，也就是素烧环节。否则，烧造出来的素坯就会出现很多斑点（由原料内部析出）。入窑烧制需要一个星期的时间，在这个过程中，温度的把控非常关键。窑火要慢慢起，慢慢灭。否则烧制后的素坯就会

素坯烧制

介休琉璃　◉　053

裂，那就功亏一篑了。所以，整个烧制过程都须严加看管。

◈ 上釉

素坯烧制完成后的工序，就是上釉了。上釉也很关键，釉的厚度，每一个细节都要精益求精，稍有偏差作品的效果就会受影响。

釉色并不是单一的原材料，而是由多种矿物按一定比例调制出来的，因为每种矿物的成分、出来的效果都不一样，所以调配时匠人需要非常细心。

上釉时很神奇——釉料一接触到坯体就会迅速变干。原来，做坯的原料——坩土是一种耐火黏土，其主要成分是铝硅酸盐矿物（一般呈灰色或淡黄红色），由于吸水性恰到好处，它刚好能将釉料贴合在坯上，又不会过多吸收空气中的水分，避免了对琉璃制品造成损害。

◈ 釉烧

等到釉色上好之后，还要入窑再烧三天。

琉璃的釉烧，是整个生产过程关键中的关键。不管是窑位分布，还是烧成时间、窑温控制等，每个环节都能决定最后的成败。

所以，在等待作品烧出来的最后这几天，琉璃匠人的心都是一直悬着的。直到成品烧制出来，让人满意了，才算大功告成。否则，还得重起炉灶。

上釉色

釉烧完成

一方水土

> 介休建筑琉璃烧制历史悠久，留下了大量的传世精品，对于中国古代建筑琉璃的发展起到了重要的推动作用。
> ——《中国国家地理》

在中国建筑琉璃的发展历史上，有一个地方是绕不过的，这便是山西省介休市。

介休，位于山西腹地，建城已有两千多年的历史，从古到今都是中国建筑琉璃的烧制中心，有着"中国琉璃之乡"的美誉。

介休东南部的丘陵山地洪山镇，有着储量丰富的烧制琉璃的必备原料坩泥，提供研磨打浆的水动力洪山水磨，以及丰富的燃料资源煤炭。这些都为介休琉璃的发展提供了得天独厚的条件。

介休是中国琉璃烧制的起源地之一。早在隋唐时期，介休琉璃匠人就参与了长安城、洛阳城等宫殿的建设。在介休保存下来的洪山法兴寺碑文，是中国有据可考的最早使用建筑琉璃的宗教建筑，碑文中明确记载了法兴寺使用琉璃构件的情况："神峰北，地一所：东至大烟头，南自至，西至琉璃寺，北至石佛脚。"这表明介休在唐代时就已经有了"琉璃寺"。

中国建筑琉璃的应用在明清时期进入鼎盛时期，介休琉璃也盛烧于明清时期。元代以后，全国有姓名可考的琉璃匠人一共128人，其中介休籍的就有30人，约占1/4。在明清时期，介休的琉璃匠人更是制作出了大量的琉璃传世精品，类型多样，色彩、造型俱臻上乘。

曾为唐代都城的西安，有不少寺庙的琉璃构件是介休烧制的。虽然明清时期，皇宫中的琉璃制品不在介休烧制，但琉璃匠人全都来自介休。介休琉璃自成体系，独树一帜，被誉为"琉璃艺术建筑博物馆"。

目前，介休市留存的琉璃作品多烧制于明清时期。

留存在介休张壁古堡空王佛行祠前廊下的两块孔雀蓝琉璃碑，分别为明万历三十三年（1605年）和明万历四十一年（1613年）制造。两块碑均高1.6米，宽0.67米，厚0.18米，黑字墨书，整块制造，通体施孔雀蓝釉，标志着这一时期介休的孔雀蓝琉璃技术的运用已达到娴熟高超的水平。

太和岩牌楼也建造于清代光绪时期，被认为是晚清遗物中最富代表性的作品。

介休市内后土庙、五岳庙、城隍庙等琉璃建筑群也都烧制于此时期。其中，后土庙还被称为"琉璃艺术博物馆"。

后土庙是一座专门用来祭祀后土圣母的道教庙宇，庙内的琉璃制品各个工艺精湛，历久而色泽不衰，金黄、碧绿、孔雀蓝交相辉映，十分华丽，是中国庙宇琉璃艺术品中保存最完好的珍品，被称为"琉璃建筑艺术的宝库"。

这些琉璃作品，对于中国古代建筑琉璃的发展起到了重要的推动作用。

张壁古堡及村落

一段历史

在中国，琉璃从北魏时期开始，就已经运用在建筑上了。在唐宋时期，琉璃越来越多地运用在了豪华建筑上。而到了明清时期，建筑琉璃艺术达到应用顶峰，那时琉璃构件不仅用于屋舍，还有了整栋的琉璃牌坊、琉璃塔、琉璃照壁等形式。

在这一千多年的历史长河中，与琉璃有关的故事不胜枚举，故宫九龙壁的故事就是其中非常有意思的一个。

1770年，乾隆皇帝决定改造宁寿宫后殿，并且下令让琉璃匠人们烧制一座位于宁寿宫前的九龙壁。

本来要设计烧造一座琉璃照壁就是一件很耗时的事情，何况还是皇宫要用的九龙壁，那工艺要求肯定是非常高的。这一点，完全能从当年建造好的这座故宫九龙壁上体现出来。

九龙壁是一座大型的琉璃照壁，有20.4米长、3.5米高。上面是黄色琉璃瓦打造而成的庑殿顶，下部是端庄凝重的汉白玉石须弥座，正面由270块琉璃塑块拼接而成，主体是九条形态各异的琉璃巨龙，在山石、云气和海水的背景下，各戏一颗宝珠。

照壁上面的九条蟠龙，从形体上又分为正龙、升龙、降龙。细看，这九条龙神态各异，各个翻腾自如。为了突出龙的形象，匠人采取了浮雕技术塑造烧制，最高处高出壁面20厘米，立体感非常强。而且，九条龙的釉色处理非常巧妙，从最中间的正龙往左右两边看去，都呈现出黄、蓝、白、紫、黄的规律，而且釉色华美而明亮，九条龙看起来活灵活现。

九龙壁的设计里面还隐含着多组象征皇权和九五之尊的数字。照壁正面的这九条龙，居中的黄色正龙，瞠目张颔，威风凛然，代表最为尊贵的皇帝，而且无论是从左数还是从右数，都刚

故宫九龙壁

好处在第五条上，有九五之尊的含义。再看庑殿顶，脊的数量刚好是五，"游走"于正脊上的龙的数量也是九。除此之外，斗拱之间的45块龙纹垫拱板是五、九的倍数，壁面用的270块塑块也是五、九的倍数。

整个九龙壁设计布局合理，构图严谨，每个构件都塑造得十分精美，而且寓意深刻，很好地彰显了皇室威严。乾隆皇帝当年看到这个成品时也是相当满意的。

不过，这座九龙壁其实并不完美。仔细观察就会发现，在照壁正面的九条龙中，东数第三条白龙的腹部，有一块琉璃瓦的颜色不太一样。很多人都会认为，这可能是年久失修掉色的缘故。其实不然，这里面藏着一个扣人心弦的故事。

据说，当年乾隆皇帝给予的制作时间非常有限，要在很短的时间内完成这么高标准的琉璃大件作品，非一般的工匠能完成的。工部大臣们在精心挑选之后，将这个重任交给了一个叫马德春的工匠。

我们在前文已经说过琉璃构件的制作过程，那是相当耗时的，顺利做出一个大件通常就需要几个月的时候，何况这里有9条大龙，再加上其他小构件，工程量是巨大的。这对所有的工匠都是一个非常大的考验。

马德春是当时琉璃烧制方面的专家，技术高超，经验非常丰富。他领了任务之后，又选了几十位工匠，几天后就开工了。

经过工匠们的辛苦努力，所有的琉璃构件终于都烧制成功了。然而，安装的时候，一个工匠却不小心把其中一块琉璃构件给摔碎了。

琉璃白龙

　　据说，马德春知道后，表现得非常淡定。他先把碎琉璃瓦片拼凑在一起，仔细看了看，把形状刻在了脑海中。然后，低声告诫周围的工匠，千万不要把这件事说出去，否则大家的命都保不住。然而，再过几天就要离交工了，再重新烧制那块琉璃瓦根本来不及，工匠们都心惊胆战。

　　马德春冥思苦想，最终想到了一个好办法，就是将一块上好的楠木雕刻成缺失的那块琉璃瓦的形状，再刷上颜色相同的白漆。他花了两天时间精雕细琢，终于在交工前一天补上了工匠摔碎的那块琉璃瓦，完成了九龙壁的制作。

　　结果，马德春顺利地骗过了乾隆皇帝和百官的眼睛，他不仅没被杀头，反而还得到了不少赏金。

　　如今，这条白龙的腹部还保存着这块马德春当年用来移花接木的楠木构建，如果不是导游讲解，我们也未必能发现这块假琉璃。

一袭传统

在中国，作为建筑构件而存在的琉璃制品，除了有其自身的功能性、装饰性等特点，还渗透着中国古代的建筑文化。

❀ 琉璃瓦颜色中的文化内涵

琉璃瓦颜色丰富，有黄、绿、蓝、紫、黑、白、红……其中又以黄、绿、蓝三色使用最多。在古代建筑上，不同的颜色琉璃瓦有不同的文化内涵。

黄色最为高贵，一般只用在皇宫、坛庙、社稷等主要建筑上。比如，故宫的琉璃瓦屋顶都是金黄色的，象征皇帝的统治地位；地坛的屋顶也用黄色，因为那里是祭祀大地的地方，在农业社会，土地是最重要的生产资料，所以要给予最高的敬意。

不过，故宫的屋顶也并不能全部使用黄色琉璃瓦，两边次要的建筑用绿色和绿色"剪边"（镶边）。而王府和寺观，一般也是不能使用全黄琉璃瓦顶。不过也有例外，清朝的雍正皇帝就特准孔庙可以全部使用黄色琉璃瓦，以表对儒学的独尊。

琉璃瓦的颜色，并不是为了美观而随意设计的，它折射出的是中国古代浓厚的封建政治伦理思想。

金碧辉煌的故宫

🏵 脊饰和花饰的文化象征意义

除了琉璃瓦的颜色，琉璃构件中的脊饰，也是很着丰富的文化象征意义的。

仙人走兽脊饰，在清代宫殿建筑上出现频率非常高，而且有着严格的使用制度，被看作是"中国古代建筑哲学非常典型的图式"。

仙人走兽的排列顺序是固定的："骑鹤仙人"排在最前面，后面依次跟着龙、凤、狮子、麒麟、獬豸、天马等蹲兽。通常不算骑凤仙人在内，蹲兽的数量一般为奇数，而且最多为九个，根据建筑规格的高低依次递减，最少为三个。不过，故宫的太和殿为了显示其最高规格，又增加了一个走兽——行什，使得仙人走兽的数量达到十一个。

这些依次排列的走兽大都来自中国古代的民间传说，它们各司其职，保护着建筑物的安全稳固，并有逢凶化吉、美好生活的寓意。

除此之外，琉璃花饰也有着丰富的文化象征意义。比如寺庙建筑常用莲花、忍冬、芭蕉树、缠枝等来纹饰，这些在佛教文化中，有着洁净、吉祥的象征。

看到这里，是不是感叹于中国建筑琉璃文化的博大精深？所以，我们去欣赏琉璃建筑的时候，一定要先去了解中国的古代文化，唯有如此，我们看到的琉璃建筑才不只是一个冰冷的建筑，而是一个个有着文化内涵的、有温度的艺术品。

脊饰与花饰

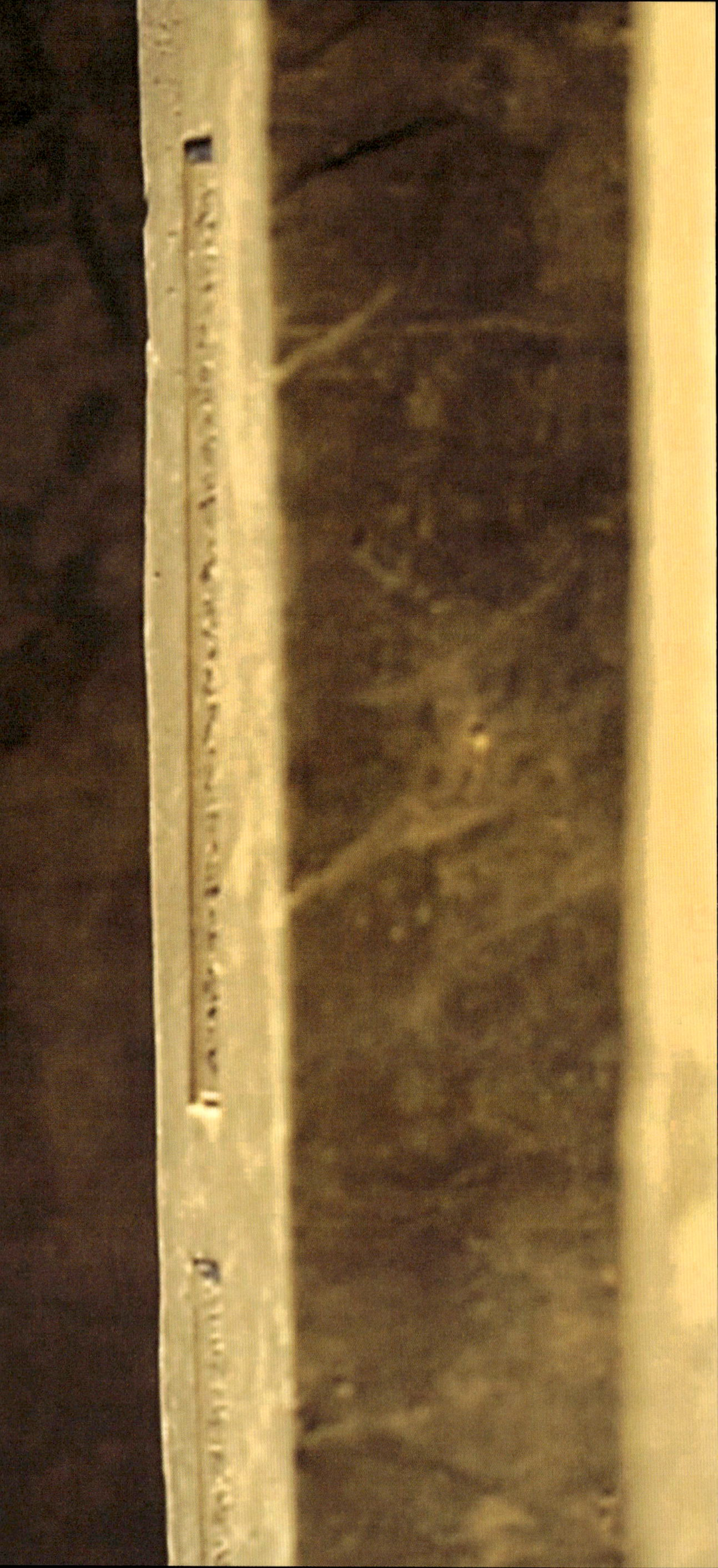

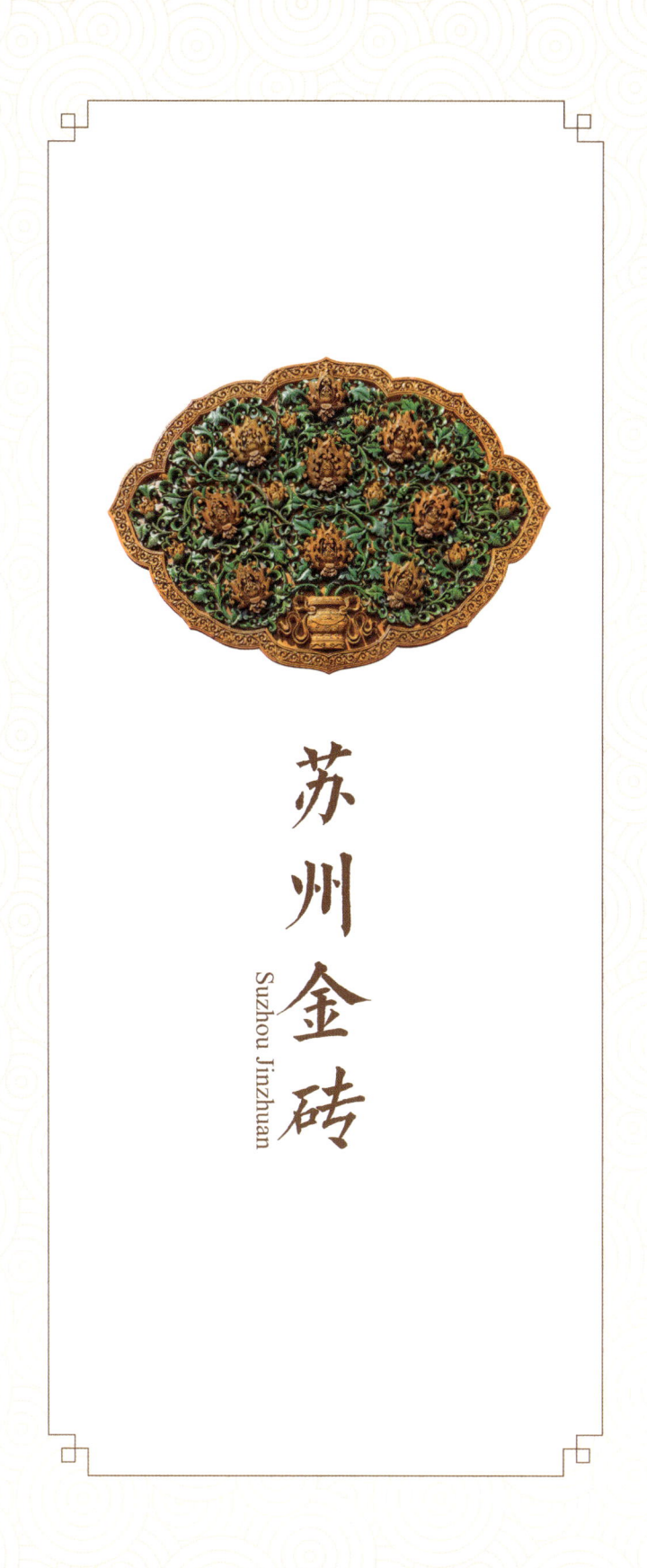

苏州金砖
Suzhou Jinzhuan

一件作品

说起故宫，你脑海里最先闪现出的是什么画面呢？

有人说，是那中轴线上气势恢宏的"三大殿"——太和殿、中和殿和保和殿；有人说，是宏伟的故宫航拍图，满眼都是金黄的、璀璨夺目的琉璃瓦，富丽堂皇；也有人说，是宫殿檐角处的那些"小神兽"；还有人说，是精致华美的汉白玉石桥，是雕龙画凤的皇帝宝座……

故宫太和殿

是啊，对于故宫，我们印象最深的可能就是那雄伟壮阔的皇家气势，那富丽堂皇的大小宫殿，那流光溢彩的宫廷装饰。而对于宫殿里的地砖，我们可能就没有太大印象了。

太和殿的地砖是乌黑的，颜色十分普通，但是你若细看，就会发现，那其实并不是普通的地砖。相比起普通地砖，太和殿的地砖平铺如镜，光洁如瓷，幽幽地闪着灰色光泽，衬托着殿内的金黄、朱红，让整个宫殿看起来更加高贵和典雅。

没错，这些地砖就是专门为皇宫烧制的，它们有一个高贵的名字——金砖。

有一种奢华很低调，它不张扬，不炫目，却也不平庸，只有懂它的人才知道它的价值。

关于"金砖"这个名字的由来，流传着这样一种说法：因为这种铺地的方砖是专门运往北京，专供皇宫使用的，所以被称为"京砖"，后来因"京"和"金"两个字读音十分相像，慢慢地就被称为"金砖"了。

据古籍《金砖墁地》记载："金砖是专为皇宫烧制的细料方砖，由于颗粒细腻、质地密实，敲之做金石之声，断之无孔，所以又被称为'金砖'。"

《金砖墁地》的记载已经概述了金砖的主要特点。

❀ 颗粒细腻，质地密实

制作金砖的用料和普通砖不同，金砖用的是高质量的细泥料，而普通砖并没那么讲究。所以金砖烧造出来后，往往颗粒细腻，质地也更加密实。

再加上特殊的烧造工艺，金砖更具有了"敲之有声，断之无孔"的优点：用东西敲它，它会发出类似金石的声音；如果切断它，也因细腻密实而令人几乎看不到一个细孔。

❀ 特殊的"身份证"

因为"金砖是专为皇宫烧制的",也就是所谓的"御窑金砖",所以金砖还有一个特点,就是几乎每块金砖都有一个特殊的"身份证",即金砖上刻印着的监制官府和窑户姓名——如"正德""清乾隆"等年号,以及"苏州府督造"等印章字样。

不过凡事都可能有例外,这个我们在后面会讲到。

❀ 像黄金一样昂贵

虽然金砖看似与黄金没有什么关系,但是其品质优良,制造工艺极其复杂,成品率低,所以在古代也有着"一两黄金一块砖"的说法。

制作金砖的细泥料

金砖"身份证"

❁ 有较高的观赏价值和实用价值

金砖较普通砖块更为美观，它们像黛玉一样古朴典雅，又如乌金一般光滑，所以用金砖铺地，细腻美观，能把宫殿衬托得更加雄伟壮丽。而且，金砖还可以防止地下湿气上升，抗千人踩踏，具有不滑不湿、光润耐磨、愈擦愈亮等特点。这些都是普通瓷砖地板所不及的。

至于金砖的用途，在明清时代，一般只能作御用铺地方砖。在当代，金砖主要用来替换故宫等古代建筑破损的铺地金砖。不过也被开发出来了其他用途，比如做书法练字砖等。

光滑细腻的金砖

一位有缘人

✦ 金砖的贵人

有史料记载,中国宋代的宫殿修建便已开始使用方砖(宋代《营造法式·卷十五》),但一直到元代时,方砖都未能成为主流,那时的宫殿除了方砖,还有很多用"文石(有纹理的石头)墁地者"。

明太祖朱元璋登基后,准备新建宫殿。当时,仍然有大臣提议"瑞州出文石,琢之可以墁地"。不过,朱元璋并没有采纳,反而驳斥了这个提议。从此,开启了金砖在明清两代的繁盛局面。

明永乐年间,明成祖朱棣(也称"永乐皇帝")计划迁都——将都城从南京迁往北京。于是,调集全国能工巧匠,大兴土木——建造北京皇宫。

本来,当时明朝政府本着就近原则,指定了北京的琉璃厂、黑窑厂等处烧造砖瓦,如果这些窑厂供应不上,再派给顺天府及山西、山东的一些府州民窑。这样安排听起来的确不错,既省时又省力。然而,在选用大殿的室内铺地用砖时,这些近京窑厂烧造出来的方砖质量总是不能令人满意。

明太祖朱元璋画像

明成祖朱棣画像

后来，在苏州香山帮著名工匠蒯祥的推荐下，工部最终选定了陆墓砖窑，决定"始砖于苏州，责其役于长洲窑户六十三家"，并且特派官员到苏州陆墓监制铺地的金砖。陆墓窑最终经受住了考验，其烧造出产的金砖做工考究、质量优良，被永乐皇帝赐封为"御窑"。

从此，陆墓金砖在中国窑砖烧制业中独领风骚，成为紫禁城墁地方砖的专用产品，正如《姑苏志》（明正德元年）所记载："窑作：出齐门陆墓，坚细异他处。工部兴作多于此烧造。"

不过，那时候一般都称这种专供京城的砖块为"细料方砖"，直到明万历中期，在奏折等官方文书中才开始出现"金砖"的字样。

从"细料方砖"到"金砖"，这不仅仅是称呼的变化，更体现了明清政府对这一物料管理的逐渐完备和制度化。从那时起，只有符合相关标准的"细料方砖"才能称为"金砖"。

❂ 当代传承人

作为中国传统砖瓦烧造技术的集大成者，御窑金砖在明清时期一直作为钦工物料，应用于高等级的宫廷建筑。后因近现代社会局势中的各种因素而逐渐沉寂衰微。到清代宣统年间，御窑金砖断烧，这门专为皇家打造的技艺一度失传。

20世纪末，故宫因为历经岁月风霜而受损严重，国家计划对其开展大规模的修缮工作。通过国家文物保护领域的专家和苏州陆慕（1993年陆墓更名为"陆慕"）御窑金砖的传承人的合作和努力，这个沉寂已久的古法制砖才又重新回到人们的视野之中。

在当代，比较有代表性的金砖技艺传承人当属金梅泉和金瑾父女。

🌑 金梅泉——国家级传承人

金梅泉是金氏家族御窑金砖制作技艺的第五代传人，也是金砖烧造技艺唯一的国家级传承人。他在改革开放以后，执着地重拾"金砖"工艺，迄今已有四十余年。在他的带领下，陆慕御窑金砖制作技艺传承了古法并且日臻成熟，成品御窑金砖方正古朴、颜色青黛、光滑润泽，平均大小误差不超过一毫米，被国家古建研究中心正式认定为中国古建筑修缮的必选材料。

他还坚持要把技艺传给后人，招聘御窑金砖制作技艺传人，教他们制造金砖的技艺。如今，他的苏州御窑成了非遗传承的唯一责任砖厂，他的女儿金瑾成了"御窑金砖"的第六代传承人。

🌑 金瑾——走下讲坛，传承金砖

一开始，金瑾不打算成为御窑金砖的传承人。那时的她更喜欢担任小学生的语文老师，但是随着对御窑金砖的历史底蕴和文化魅力的不断了解，她感受到越来越深重的使命感。

就这样，她告别了三尺讲台，当起了陆慕御窑砖瓦厂的厂长，而且做得风生水起。近些年，她不断地开发出新的"金砖"产品，由她设计的余姚金砖仿古清供"康熙御笔《无为》"还在深圳文博会上获得金奖。正如她说的，"最好的继承就是创新，只有创新才能让金砖焕发生命力。"

有了传承人，"金砖"又焕发出新的生机——除了成为中国古建筑修缮的必选材料之外，还漂洋过海，远销美国、日本、新加坡等国。

一门手艺

金砖的制作工艺十分繁复，制作难度相当大。

主要工序多达二十多道，从选泥、练泥，到制坯、装窑，再到烧制、窨水、出窑、打磨……道道工序，环环相扣，稍有不慎，就会前功尽弃。

2006年，御窑金砖的制作工艺被列为第一批国家级非物质文化遗产。

◈ 选泥和练泥

选泥（取土）是第一步。看字面意思，我们往往会以为这一步很简单，实则不然，其中还包括了很多小细节。

"其土必取城东北陆墓所产干黄作金银色者，掘而运，运而晒，晒而椎，椎而舂，舂而磨，磨而筛，凡七转而后得土。"明代建筑学家张问之在《造砖图说》中这样描述金砖选泥、练泥工序的繁复。

选泥

金砖制作对土质的要求很高，必须"黏而不散，粉而不沙"，所以选土并不容易，只有经验丰富的师傅才能挑选出那些不仅具有黏性，而且含铝量较高，可以磨成粉末的泥土。

苏州金砖　　073

选好泥后，就开始"起泥"工序，也就是《造砖图说》中讲的"掘而运"。通常取距地表3～4米深的生土（或浆泥），挖掘出来后，再运到露天场地（"运而晒"），堆放上至少半年——这个过程俗称"冻土"，其目的在于使泥土变得无硬块，易翻踏，质细而黏性强。

练泥

选好的泥土并不能直接制坯，还需要练泥。在这个过程中，工匠将泥土一片片细细扦碎后，再适量加水，让牛或人在泥堆里反复踩踏，以去除泥团中的气泡，使泥土稠腻成团。这个将烂泥练熟的过程，俗称"踏黄泥"。

练好的泥还不能直接制坯，还需要放到阳光下，晒到完全干透，再用粗椎、中舂、细磨的方法，将其制成细粉。然后，再用筛子筛去其中的砂石杂质，才能得到制砖的纯土。这个过程也就是《造砖图说》说的"晒而椎，椎而舂，舂而磨，磨而筛"。

✤ 制坯

制坯过程同样繁复。先给细粉状的泥浇上水，然后用铁锹将泥斩细，再用稻草帘覆盖。这个工序，俗称"闷泥"。泥闷上一天，次日扒开稻草帘，再斩细成堆，盖上稻草帘。这样反复斩闷五六次，直至泥料如糯米团子般产生了黏性，才可制坯。"造方墁砖，泥入方匡中，平板盖面，两人足立其上，研磨而坚固之。"《天工开物》中对金砖的制坯过程有明确的记载。

制坯时，工匠首先将练好的黏泥填入金砖模具内（俗称"掼砖坯"），再光着脚在黏泥上反复踩踏，通过这种挤压去除模内泥坯中气孔。接着，用弓（铁丝做成）割削坯面，同时迅速地用木

制坯

砖坯阴干

板将正反两面磨平，直到坯面上没有任何细纹、裂痕，才能将木框模具解开。

砖坯制成后，竖立放置在通风的室内，隔几天翻转一次，这样反复五六次之后，砖坯表面会变得坚硬发白，这表明阴干透彻了，这时才能入窑烧制。当然，对于那些有特殊工艺要求的花砖，还需要有雕刻功底的工匠在入窑前将图案刻画上去。

装窑和烧窑

"金砖"的烧制对窑内环境要求十分苛刻，必须用大窑的窑心部位进行烧制。装窑时，砖坯被按照一定的方法和规律叠放在窑中央，以确保火焰能在窑内回流，让每排砖均匀受热。而且，为了避免在后面的窨水工序中可能出现的金砖被水滴到而产生的白斑和斑纹，"金砖"四周通常还要在窑炉四壁贴上用作防护的普通砖。

烧窑最为关键，稍有出错，就会前功尽弃。其过程也是极其复杂。尤其是在明代时，烧窑必须严格经历四种燃料的四个温度（从110摄氏度逐步升到1000摄氏度左右）：第一个月先用糠草熏，第二个月再用劈柴烧，第三个月改用棵柴（整柴）烧，最后40天再换成松枝柴烧，才算烧成。

烧窑

不过，这个烧窑的时间在清代以后大为缩短，只需要麦柴旺火烧12天即可。烧窑过程虽然看起来变简单了，但对窑工的要求更严格了，他们需要随时观察火候，及时换柴，才能保证窑内温度逐步提高。

⊕ 窨水和出窑

窨水是中国制砖工艺的一道独特的工序：先用砖将火塘和窑顶封死，然后在窑顶的积水池放水，池中的水量必须有一定的标准，渗水的速度也必须有一定的标准，速度快了，砖容易脆；速度慢了，砖的颜色会发黄、红。

因此，窑工需要持续不断地给顶池加适量的水，并控制好放水速度，这样才能使金砖在窑内产生窑变，从赭红色变为青黛色。这个过程最忌讳的就是漏水——会让金砖出现白斑，成为次品，甚至整窑金砖都将报废。

窨水降温四五天后，金砖便可出窑了。

◉ 打磨和泡油

从窑中搬出来的金砖充其量只是个半成品，要成为细料金砖，还须经过精心细致的打磨与泡油。

打磨是在水槽里进行的，工匠一边打磨一边冲水，这样打磨出来的金砖，不仅表面平整光滑，而且随着使用时间的增长还会变得越来越光亮，有的金砖甚至可以当镜子用。不过，遗憾的是，这种打磨如镜的精细打磨技术如今已失传。

打磨好的金砖，还需要一块块地在桐油里浸泡一段时间，这就是泡油工序。桐油不仅能使金砖光泽鲜亮，还可以延长其使用寿命。

至此，金砖的烧制工序才全部结束。此时距离最开始的选泥工序，通常已经过去一年半左右的时间了。而这个时候，出窑的金砖将要检验合格才能入库。金砖的检测在清代非常严格，必须颜色纯青、声音响亮、端正完全、毫无斑驳才行——一窑砖往往只有20%的金砖能够通过检验，合格率非常低。看到这里，你是不是对"一块金砖一两黄金"有了更贴切的感受？

一段历史

从明永乐皇帝迁都北京开始，苏州陆墓就一直作为官方指定金砖烧造地，为新建皇宫烧造金砖。对此，有很多史料记载（上文中已提及）可以证实。然而，一直没有发现刻有永乐年间铭文的金砖实物。

专家在对大量史料和实物进行比较研究之后发现：

明洪武时期没有在金砖上镌刻铭文的惯例，但是当时的城砖有这一惯例，如南京城墙砖砖身就有印刻铭文。然而，明永乐至成化年间的各地烧造（包括军卫烧造）突然没有了那样的印刻铭文——不仅为皇宫铺墁的细料方砖上没有，就连同时期为皇宫专烧城砖的山东临清窑城砖，其铭文最早的年款也是"成化十八年"。

这是为什么呢？专家认为，可能与永乐皇帝迁都"明修栈道、暗度陈仓"的方式有关。

朱棣在即位之初就有迁都北京的意向。但如果在"篡位"之初就公开宣布迁都，必将引起朝臣不满，帝位不稳，所以不得不有所顾忌，而讲究策略和方法。

因此，在丘福等大臣提出建造北京宫殿的时候，并不是以建造都城的名目，更没有用"迁都"的说法，而是以"以备巡幸"之名——在北京建造备用行宫，只要这个计划通过，朱棣就可以大量移民"以实北京"，并不断征调民夫工匠前往北京。这件事情，只有朱棣和极少数执行的心腹大臣心知肚明，其他在南京的官僚都被蒙在鼓里。

因此，我们就不难理解，为什么永乐皇帝虽然指定了烧造金砖的御窑，但御窑金砖上不印刻铭文了。试想，洪武时期都没有在金砖上镌刻铭文的惯例，如果永乐时期专供北京宫殿的方砖上却刻上了铭文，是不是很高调？而且会给人以北京宫殿的地位高于南京宫殿的感觉，是不是不好向大臣们解释了？

正因为永乐迁都的这种特殊性，我们在官修《明实录》中才很少看到有关明代北京都城营建的具体资料。而且，通过细读仅有的这些明代史料，我们不难发现，朱棣向当时及其之后六百多年的人们，有意隐瞒了他当年营建紫禁城时的几乎所有的事实。

那么，问题又来了。近些年，在古玩拍卖市场出现了一些"永乐"年款铭文的金砖实物，那又是怎么回事儿呢？有专家提醒说，这些"永乐金砖"极有可能是假的，古董收藏爱好者要小心了。

古玩市场

一方水土

⊕ 中国金砖之乡

在江苏省苏州市城北,距苏州齐门外六里,有一个陆慕古镇——"陆慕"原名"陆墓",因唐代宰相陆贽的墓地在此而得名,1993年改用现名"陆慕"。

陆慕跨元和塘两岸,东濒阳澄湖,属典型的湖积、冲积平原地貌。这里土质非常细腻,而且因为长期处于水淹的缺氧状态,土壤中易产生氧化铁沉淀,形成锈斑、锈线。土壤的下层含有大量的胶体物质,较为黏重,极具可塑性,非常适合制坯,且烧结后也比较坚实。《天工开物》称赞陆墓地区的这种黏质土为"黏而不散,粉而不砂",是烧造细料方砖的"极品原料"。这个得天独厚的土质条件,成就了陆慕"中国金砖之乡"的美名。

陆慕古镇

这里离大运河很近，所以虽然金砖烧造在江南，但要运送到北京的皇宫也比较方便。每次御窑奉旨烧制好的金砖，都会被小心地搬运上船，由具体官员负责全程押运，由水路运送至北京。

运送途中，解运人员的责任非常大，不允许有任何闪失。针对解运人员，清政府还制定了严格的惩罚措施。而随船去的窑户，家中老小也是心中一直绷着一根线，既担心金砖质量是否过关，也担心家人往返途中是否一帆风顺，因此频频去河边桥头遥望。所以，御窑村至今还保留着这座"望郎君桥"。

⊕ 陆慕御窑

在陆慕镇御窑村（现为苏州市相城区元和街道御窑社区），有一个由两座姊妹窑组成的陆慕御窑址——始建于明代，专门为宫廷烧制建筑宫殿地面铺用的金砖，已经有几百年的历史了。

这是一个平面呈椭圆形的双窑连体窑，南北坐向，东西长35米，南北长33米，占地约1255平方米。虽然窑的外部为连体结构，但内部窑膛和烟囱各自独立。值得一提的是，其渗水池的设计比较科学——位于窑顶，这种渗水系统在相关的专业书刊上未被记载过，应是江南一带所独有的。

在中国明清时代璀璨的宫廷建筑史上，古御窑曾立下"汗马功劳"，但也随着清宣统帝退位而"黯然落幕"。御窑金砖的烧造史，真实地反映了中国明清政府的兴衰史。从明永乐帝南都北迁开始，皇家只要大兴土木，御窑金砖就窑火兴旺、劳役繁重。然而，当皇家财政空缺、无力兴工时，御窑也就歇业停产了。

御窑金砖断烧之后，金砖制作工艺逐渐失传。庆幸的是，在1984年，在金砖制作工艺在失传70多年后，在国家支持和手艺人的多年努力下，这个古御窑又成功烧制了传统金砖，此后为故宫、天安门和国内外宫殿庙宇及古建筑的维修而烧制了大量传统金砖。如今，历经600年沧桑的古御窑，又焕发出新的生机和活力。

一袭传统

我们知道,明清两代的金砖都属"钦工物料",是由苏州陆墓御窑专烧特供,为皇家专用。此外,即便是皇亲国戚或高级官员,也不能使用金砖。

而且,明清两代对金砖管理也都有着严格的规定,就连烧制过程中的一些次品、废弃金砖,也都有相应的规定,不得随意流入民间。所以,在金砖的烧制史上,一直没有文人墨客染指。也正因此,金砖的发展似乎少了一些文化底蕴。

直到清末民初,由于管理松弛和清王朝的灭亡,一些原本存放在产地的残次金砖才开始进入江南商贾府邸和大户人家。这些流散民间的金砖,被文人雅士赋予了新的生命,或作为一种典雅

乾隆画像

的文化陈设，或用来下棋，或雕琢成精美的砖雕工艺品，或用来练习书法……

说到书法练习，用金砖作练习砖就特别合适。其实自明代开始，就有人发现，用毛笔蘸清水在"金砖"上写字，效果非常好，就像毛笔蘸了墨在宣纸上书写一样——毛笔在"金砖"上走动，既不会太生涩，也不会太润滑，而且清水被金砖吸收之后，还有墨上宣纸的渲染效果。

清代有笔记小说写到，乾隆下江南时，听说文徵明（吴中四大才子之一）曾用金砖练字，就让当时的两江总督从御窑村取来一块明万历年间的样品金砖，试写了以后，觉得非常满意。又因为用金砖练字，省纸省墨，所以就传谕带回数百块金砖，给皇子们练习书法。

故事的真实性无从考证，但用金砖练字的确是非常适合的。只不过金砖数量稀少，造价不菲，虽然环保、可重复练字，却也没几个人能够用得起。庆幸的是，陆慕御窑砖瓦厂在金砖工艺的基础上研制出了专门的书法练习砖，深受孩子们喜欢。

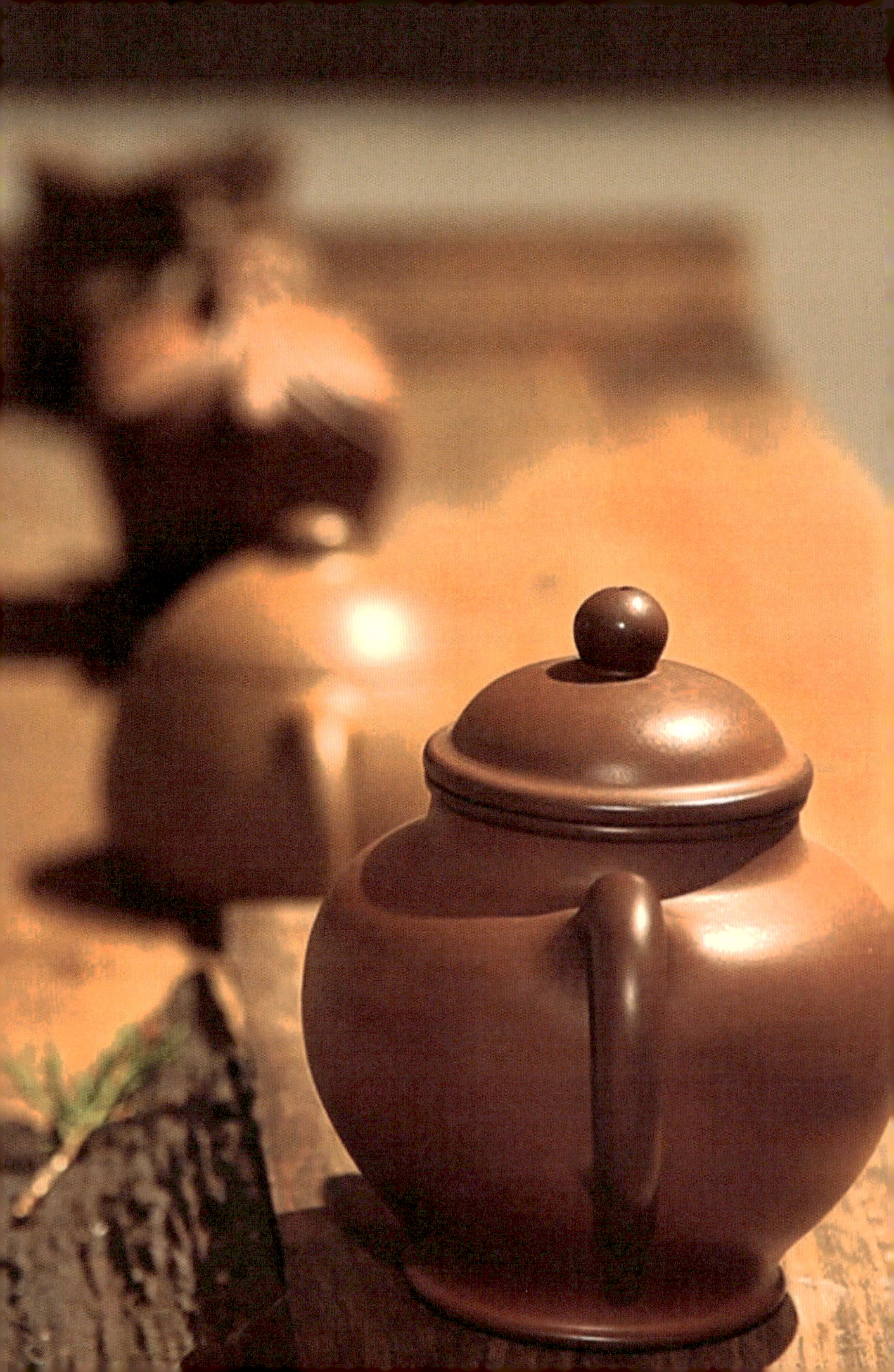

紫砂
Zisha

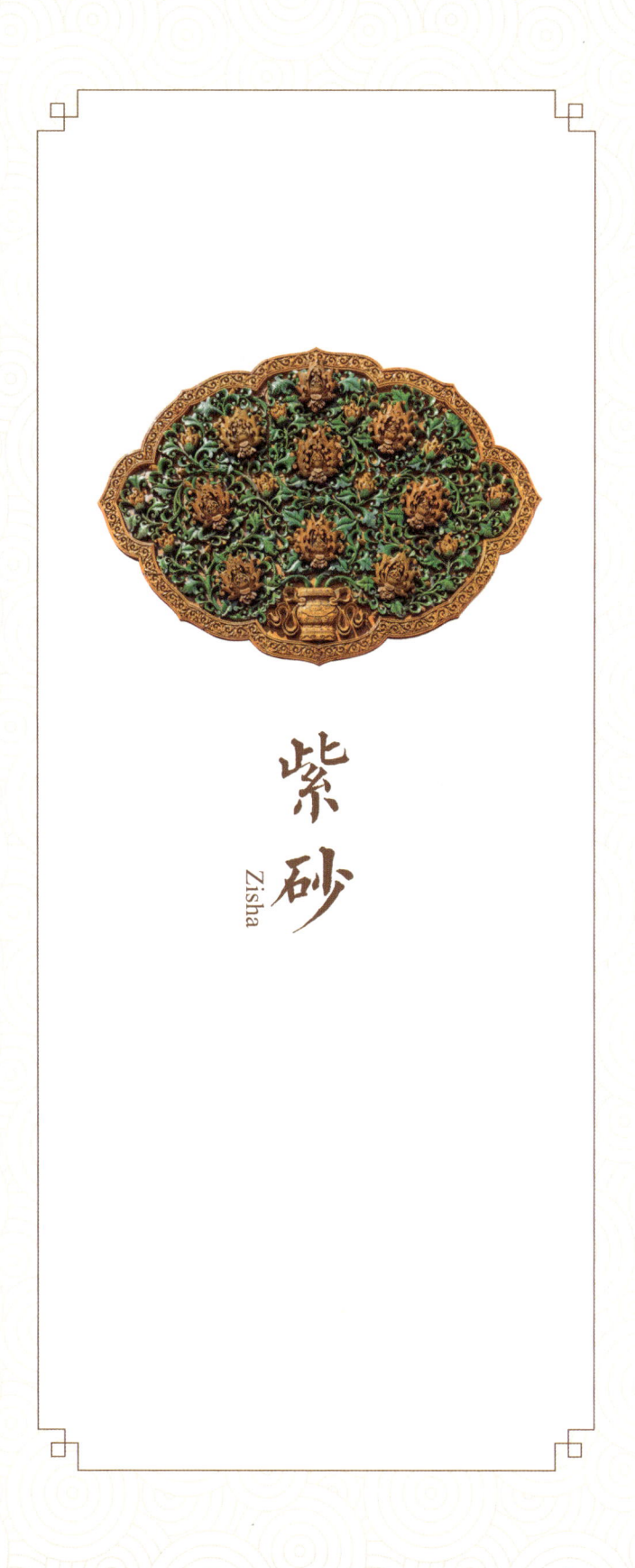

一件作品

这是一把"供春壶",也称"树瘿壶",是中国紫砂发展史上开始有记载的第一件作品——明代周高起在《阳羡名壶系》中,这样描述供春壶:"亦淘细土抟坯,茶匙穴中,指掠内外,指螺纹隐起可按,胎必累按,故腹尚现节奏,视以辨真"。

据传,在明代正德年间,宜兴人吴颐山为了考中进士,便带着书童供春一起住进金沙寺,安心苦读诗书。书童供春有一天看到金沙寺的一个僧人用当地的一种土做成钵,技艺很高,就偷偷学艺。后来,他以寺内银杏树的树瘿外形为花纹,做了紫砂壶,在壶底刻上"供春"二字。因为当时没有工具,他只好用茶匙将壶身挖空,用手指将陶坯内外按平,所以这款树瘿壶烧成之后,还能隐约见到手指螺纹印。

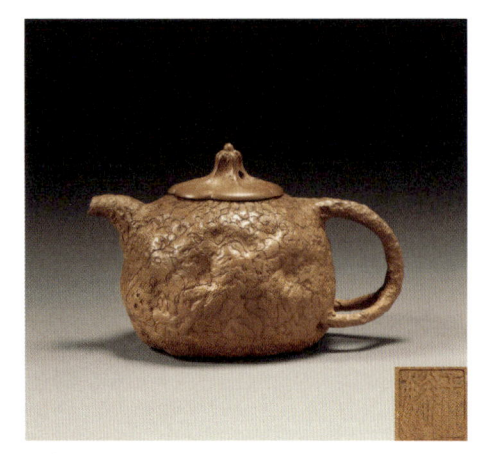

供春壶

清代学者吴梅鼎称赞供春:"彼新奇兮万变,师造化兮元功。信陶壶之鼻祖,亦天下之良工。"后人为纪念他,就将这个类型的紫砂壶统称为"供春壶"。

当然,供春还创制了很多其他类型的紫砂壶,只不过以"树瘿壶"最为有名。

紫砂壶不一定是紫色的

有些人会问,紫砂壶很多都不是紫色的,那些壶是假紫砂吗?

其实,紫砂壶并不一定就是紫色的。一方面,用作紫砂壶的陶泥本来就有五种原色:朱赤、淡黄、蓝绿、紫、咖啡褐,俗称"五色土",只是因为大多近似紫色,而被人们统称为紫砂泥。而另一方面,紫砂壶在烧制过程中,会产生窑变,从而呈现出枣红、朱砂、海棠红、紫铜、铁灰铅、青兰等更多色调。

例如上文中的这把供春壶,它的颜色其实是栗色。其特点正如吴骞曾在《阳羡名陶录》中所描述的:"栗色暗暗,如古今铁,敦庞周正。"

要问什么茶具质地最好,那肯定非紫砂莫属。在中国,几乎每个爱喝茶的人家里都备有一套或几套紫砂壶茶具。午后时光,用紫砂壶泡一壶好茶,或淡,或浓,抿上几口,茶香立刻氤氲在口鼻之间,茶禅一味,十分惬意。

"色香味皆蕴""暑月越宿不馊"

用紫砂壶泡茶,"色香味皆蕴",紫砂壶不仅不夺茶叶的原香、原味,还能够让茶叶更加醇厚。经常使用的紫砂壶,壶壁还会积聚比较神奇的"茶锈",以至于即便不放茶叶,仅仅往空壶里倒入沸水,壶里也会有茶香。

更为神奇的是,用紫砂壶泡茶,还可以做到"暑月越宿不馊"。

当然,这些都得益于紫砂原料的独特性。紫砂泥料其实来自一种黏土矿,含铁量高,而且其结构中存在大量气孔。这些气孔的存在,让紫砂壶天然具有优良的透气性,即使在盛夏泡茶也能过夜不馊。

以紫砂壶泡茶

❀ 泡茶不烫手　保温效果好

用过紫砂壶的人都知道，紫砂壶泡茶是不烫手的。跟其他陶器一样，紫砂壶在高温烧制以后，膨胀系数大大降低，具有了良好的隔热性能。

紫砂壶的冷热急变性能也非常好：沸水泡茶后立即往紫砂壶中倒入冷水，很少有爆裂的（朱泥除外）；用紫砂壶煮茶，在明火、微波炉里使用都不易开裂。这个性能跟紫砂泥中氧化铝的含量高有关。

紫砂壶的保温效果非常好，这也跟紫砂泥料多气孔的特点有关。

❀ 越用越宝贵

"摩掌宝爱，不啻掌珠。用之既久，外类紫玉，内如碧云，真奇物也。"明代诗人闻龙在《茶笺》中，这样描述自己的宝贝供春壶。

的确如闻龙所言，紫砂壶会因为经常被主人用心抚摸、擦拭而变得越来越光润可爱。

光润的紫砂茶具

❀ 收藏家的钟爱之物

紫砂壶还是收藏家的钟爱之物。尤其是名家大师的紫砂作品，因为工艺性强、数量稀少，在拍卖市场上经常成为藏家争夺的宝贝。所以民间一直流传一句话："人间珠宝何足取，宜兴紫砂最要得。"

故宫珍藏紫砂壶

不过，紫砂壶的实用性和艺术性是相伴而生的。虽然名家大师的紫砂作品有很高的收藏价值，但即便是收藏，大师们也不建议将它束之高阁，仅当作高贵的摆设，因为紫砂壶的"艺"需要在"用"中"品"，如果不用，其艺术性也就大打折扣了。

一位有缘人

❀ 中国第一把紫砂壶

1928年,储南强在苏州一家地摊上无意间发现一把造型奇特的古旧紫砂壶——壶表面虽凹凸不平,状如树瘤,却有一种返璞归真的意境。

储老心生好奇,拿起壶来仔细端详,发现壶把下有"供春"二字篆书,壶底有"大明正德八年供春"刻款。直觉告诉他,这把紫砂壶绝不平凡。他向摊主问价后,立即以一元大洋的价格买下。

苏州街景

为了考证这把壶的来历，鉴定其伪真，储老煞费苦心。他从苏州到绍兴，从傅叔和家到吴大澂家，辗转多地，终于确定这就是那把传说中的供春壶（树瘿壶）。

之后，储老还邀请好友——著名书画家黄宾虹、徐悲鸿、潘贻曾等人共赏名壶。一时间，储老这把供春壶名扬四海。

在赏壶的时候，黄宾虹的一个建议让这把供春壶有了新的变化。

原本，这把供春壶当年还在吴大澂手里的时候（清末）已经没有了壶盖，吴大澂于是找到制壶大师黄玉鳞为其重新配制壶盖，也就是储老手里这个北瓜蒂柄样的壶盖。黄宾虹认为，供春壶的壶身既然是以银杏树瘿为原型，那么最匹配的壶盖也应该是树瘿的形状，黄玉鳞配制的瓜蒂壶盖，有点不伦不类。

一时间，储老也不知如何是好，只能继续寻找能够为他的供春壶配壶盖的大师。终于，他找到了当时的制壶名手裴石民，请他为供春壶重新配制了一个树瘿式的壶盖，并刻上两行隶书铭文："作壶者供春，误为瓜者玉麟，五百年后黄宾虹识为瘿，英人以2万金易之而来，能重为制盖者石氏，题记者稚君。"

铭文中的"英人以2万金易之而来"，说的是这把供春壶在当时名气很大，就连英国皇家博物馆也派专人过来重金购买，不过被爱国的储老婉言谢绝了。

抗日战争爆发后，日本人也对储老的供春壶动起了心思，要以8000块大洋买下。储老同样拒绝了，而且为防不测，他干脆带着供春壶躲进了深山老林。

中华人民共和国成立后，储老无条件地将自己的这把供春壶捐赠给了国家。因为储老的无私奉献，中国历史上的第一把紫砂壶才得以保存下来，并走进中国历史博物馆（今中国国家博物馆），为人们欣赏品评，万世流芳。

⊕ 早期紫砂大师

自明代供春壶诞生以来，紫砂壶便大受欢迎，大师辈出，开创了中国紫砂发展史上的兴盛局面。

比如，紫砂鼻祖供春将自己的手艺传给了时大彬，而时大彬又将自己的手艺传授给了众多弟子，并与弟子徐友泉、李仲芳一起被称为明代三大紫砂"妙手"。紫砂工艺代代相传，而每一个紫砂名手又在传承中创新和发展。

后期紫砂大师

紫砂工艺在清代继续长足发展，紫砂名手人才辈出。陈鸣远、惠孟臣、陈曼生、杨彭年、黄玉鳞等都是这一时期最具代表性的紫砂大师。

尤其值得一提的是陈鸣远、陈曼生和杨彭年三人。我们现在见到的紫砂壶"在壶底书款、壶盖内铭印"的固定工艺形式，是陈鸣远始创的。而陈曼生和杨彭年更是开了"文人壶"的先河，将诗词文化与陶艺完美结合，为紫砂工艺的发展开辟了一条新路。

说到中国近代的紫砂大师，一定避不开顾景舟先生。他是中国紫砂业的第一位"中国工艺美术大师"，不仅手艺精湛，而且有着深厚的文学、书画功底，他创作的紫砂壶独步一时，因此他被誉为"壶艺泰斗"。

当代传承人

葛陶中

葛陶中是顾景舟的学生，是当代为数不多的能够称得上大师的紫砂技艺传承人。

葛老的技术全面而精湛，非常注重紫砂作品的实用性，并不断探索紫砂的特性，他充分利用紫砂泥的特性来塑造艺术效果。在老师的影响下，他一直以继承和发扬传统紫砂制壶工艺为己任——整个制壶过程他会都恪守传统的紫砂工艺，全程纯手工制作，就连练泥也是自己亲力亲为。

葛老年轻时的紫砂作品曾多次在国内外获奖。如，作品"四方回纹鼎壶"在1986年被评为"江苏省轻工业产品一等奖"，"五头提壁茶具"在1987年获得"全国旅游纪念品展评会一等奖"，茶具"五头夜知己"于1990年被评为"江苏陶瓷新产品三等奖"，还有与吴鸣合作设计、制作的"期待茶具"获第三届日本美浓国际陶瓷节评委会特别奖。

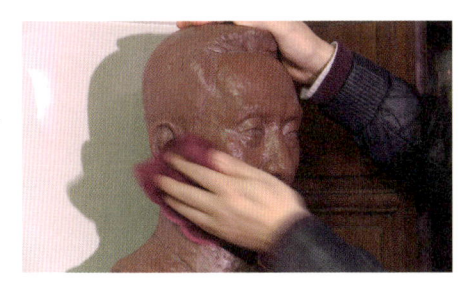

葛陶中擦拭恩师顾景舟的雕像　　　工作中的葛陶中

如今由于身体的缘故，葛老已经很少制作紫砂作品了。据说，葛老现在每年最多出4套紫砂作品，而每套又最多做4把。虽然数量少，但都是精品，真正的大师原创作品。

❀ 钱祥芬

钱祥芬是紫砂大师里面少有的女性。她师承中国工艺美术大师曹亚麟，并多次到大学进行工艺美术的学习深造。

这些学习交流的经历，给了她创新的启示，她认为："陶艺中的创新，是保持陶瓷艺术生命力唯一的途径，所以应该运用各种生活元素，将文化元素与造型相结合，设计出各种不同风格、不同文化的陶艺作品。"

钱祥芬

所以，她的作品注重"在技术上兼容并蓄，在设计上海纳百川"，如作品《神韵》——荣获大地奖的创新和设计奖，就是她在2019年参观伦敦博物馆时，看见欧洲文艺复兴时期的水罐，深受启发而创作的。

她的作品常以自然为创作题材，如花器和象形壶，体现出一种女性特有的细腻。

钱祥芬作品

紫砂　093

有人如此评价她的作品："以优美的造型和良好的视觉感受独立于世，简约而不简单，规矩而不呆板，平凡中透着稚致，稳重间飘逸着柔美，为当代壶艺界的实力派陶艺家。"

葛昊翔

葛昊翔也是宜兴紫砂工艺传承人，师从彩陶大师邱玉林老师，同样注重兼容并蓄和工艺创新。他往往以紫砂为胎，融入青瓷、钧釉、彩陶、精陶等的特点，创作出别具一格、无比精美的紫砂工艺品。

我们通常见到的宜兴紫砂壶一般都是无彩无釉，色取天然。其实不然，在明清时期，就已经有了上釉的紫砂器。借鉴瓷器的上釉工艺制作出来的紫砂壶，精美程度可以和景德镇的瓷器相媲美了。只是因为釉层影响了紫砂壶的透气性，使得茶香不再浓厚，所以后人就很少给紫砂上釉了。因此，葛昊翔想要尝试采用官窑的工艺理念来制作紫砂新品。

近年来，他结合传统彩陶窑变工艺和宋人制釉的理念，以天然的宝石入釉，跟紫砂相结合，终于成功研制出了南红玛瑙、绿松石、海蓝宝石等多种宝石釉料配方。

他所制作的上釉紫陶器因为工艺精湛、精美绝伦而多次获奖，甚至被选为国礼赠予外国政要。2015年3月，他的作品"宜均釉三阳（羊）开泰瓶"被选为国礼赠给了前来访华的英国王室威廉王子。2015年8月，他的另一件作品"宜均釉瓜棱长颈撇口瓶"，又作为国礼，赠送给了西班牙国王胡安·卡洛斯。

葛昊翔

宜均釉瓜棱长颈撇口瓶

一门手艺

宜兴紫砂陶制作工艺已于2006年被列入"第一批国家级非物质文化遗产名录"传统手工技艺类。

和其他陶器制作一样，紫砂壶的制作业也是从选料、取料、泥料加工等陶泥准备工作开始的。这个过程其实都大同小异，由于篇幅有限，在这里就不做过多介绍了。我们还是重点来看看紫砂壶饶有特色的手工成型工艺吧！

紫砂壶看上去古朴天成，似乎只要徒手捏捏，便可轻松成型。其实不然，光看各种各样的制作工具，我们就知道紫砂壶的制作并非易事了。

在传统的紫砂壶制作中，光手工成型过程，就可能要用到几十到上百种工具，经过十几到几十道繁复冗杂的工序。因为是手

制作紫砂壶所需要的工具

工制作，所以紫砂壶最后成型的好坏，完全取决于匠人手艺的高低，以及制作工具使用是否规范。

工具准备好后，就可以用制备好的紫砂泥做壶了。

第一步是裁泥块、打泥片、刮泥片。这是基础，它决定了壶的厚薄轻重。这一步看起来容易，但做起来难，初学者至少要练习三个月以上才能对厚薄拿捏得比较好。

第二步是做壶嘴、壶把、壶身。做壶嘴、壶把，就是用手搓揉出壶把、壶嘴等小部件。做壶身，包括裁泥片、围壶身。匠人们在制作紫砂壶之前，就已经设计好了器型和大小，所以用来围壶身和做壶底的泥片，他们会根据设定好的尺寸来裁切。

第三步是壶身的组装与修整。纯手工制作的紫砂壶，壶底和壶身不是一体的。所以，我们在市场看到的一体成型的紫砂壶，一般都是机械制作的。壶身的组装，就是将围好的壶身与壶底组装起来。壶身的修整包括篦壶身、光壶身。在篦壶身的过程中，匠人双手的力道需要配合得恰到好处，才能让整个壶身圆润、厚薄一致，这项工序非常考验艺人的手艺。完成后，紫砂壶的主体外观就出来了。光壶身，对壶身进行抛光、打磨，让壶的外观看起来光泽、圆润。

裁泥块

打泥片

围壶身

篦壶身

第四步是开假底。开假底可以让壶底不打滑。之后，匠人给假底部位覆脂泥。

第五步是组装壶嘴、壶把。首先在壶身一端开壶嘴孔，然后将第二步做好的壶嘴、壶把装好并修整。

第六步是做壶盖。纯手工的紫砂壶盖由压盖、嵌盖、截盖和罩盖，盖片分开制作，最后合成一个整体。然后车、做、装盖钮。

第七步有开口，光坯，打把章、底章。其中，光坯就是一个磨光的过程，光坯之后，紫砂坯体的轮廓线条更加清晰，壶型也会更加圆润，整个壶身也更有光泽。手艺高超的匠人，通过光坯这道工序，可以让把、嘴等部件的接口处紧密黏合，不留下一点痕迹，使整个紫砂壶看起来浑然一体。

紫砂壶的款识，体现了紫砂艺人的书法、篆刻、绘画等艺术素养。如何布局，怎么能让款识和紫砂壶相互呼应、达到和谐，都是匠人们铭刻款识时要注意的，这与书画作品的题款、钤印的要求是一样的。好的款识，可以提升紫砂壶的文化价值。

直到款识落定，一个紫砂壶的成型工作才算真正完成了。接下来的工序，就是放入窑炉，高温烧制。紫砂泥的烧成温度一般在1150～1210摄氏度，

开壶孔

做壶盖

修壶盖、装钮

成型紫砂壶

每种泥料都有一定的烧成温度，烧制温度一定要根据泥料的不同而精确调整，否则出现太老、太嫩的缺陷，紫砂壶也就功亏一篑了。

你看，打造一把小小的紫砂壶，就用了这么多工具，经历了这么多个繁复的步骤。在这个过程中，匠人须做到十分耐心，手艺需要十分精湛，任何一个地方出现了瑕疵，都打造不出一件成功的紫砂器。

一方水土

太湖之滨的宜兴，是一座温婉的历史文化古镇。

宜兴位于江苏省最南端，处于沪宁杭三角中心，自古交通发达。南部有着广阔的丘陵山区，盛产茶叶，并蕴藏着丰富的优质陶土资源。也正因此，宜兴自古就是中国陶都。除了举世闻名的紫砂，宜兴精陶、钧陶、青瓷、彩陶也很有名，它们一起被誉为"宜兴五朵金花"。

不过，让人首屈一指的还是紫砂，以至于人们只要一说起宜兴，就会想到紫砂；只要说起紫砂，也会马上想到宜兴。2013年，宜兴紫砂被评为"国家地理标志产品"。

为什么紫砂壶会起源于宜兴，在随后的500年里经久不衰呢？

宜兴

陶艺文化孕育能工巧匠

远在几千年前的新石器时代，宜兴人就发展出了制陶工艺，成为世界公认的陶器发源地之一。

而后，不管是汉代的陶器，两晋的青瓷，还是宋明的钧陶……都在宜兴得到了很好的发展。到明清时期，紫砂陶成为后起之秀，发展兴盛，制陶产业规模越来越大，几乎到了"家家户户捶泥声，每一户都制陶忙"的程度。

几千年来，宜兴就是在制陶业的不断发展之中，孕育出一批批能工巧匠，打造出了一件件巧夺天工的艺术珍品。而正是制陶工艺的代代相传，为紫砂壶的诞生和发展打下了雄厚的工艺基础。

宜兴有上好的紫砂原料

"巧妇难为无米之炊",如果仅有工艺,却没有上好的原材料,宜兴的巧工能匠也是无能为力。

宜兴南边的丘陵地带刚好广泛地存储着优质紫砂泥——那里的陶泥延展性高,可塑性高,缩水率小,为别处陶泥所不可及,为宜兴制陶业的发展提供了良好的原料基础。

宜兴南边丘陵出产优质紫砂泥

茶文化促进了宜兴紫砂茶具的发展

宜兴也是中国有名的古茶区之一。早在东汉时期，就已经有了"阳羡选购茶叶"和汉王到茗岭"课童艺茶"的文献记述。而宜兴出品的阳羡茶、罗芥茶、顾渚紫笋……更是茶中精品。在东汉，宜兴的国山苑茶就已经著称于江南；在唐代，宜兴的阳羡茶更是成为贡茶，有着"天子须尝阳羡（宜兴）茶，百草不敢先开花"的美誉；在宋代，宜兴茶叶的地位虽然略有下降，但仍为文人雅士所喜好，"雪芽"（绿茶的一种）在当时就很受欢迎。

正因为宜兴出产名茶，茶文化经久不衰，煮茶、喝茶常用的配套茶具等也就很自然地发展起来了。

宜兴茶园

名人墨客让宜兴名扬天下

宜兴是历代文人墨客的青睐之地，如唐代茶学家、"茶圣"陆羽，就曾到宜兴山区地带居住了很长时间，他在那里种茶、摘茶、炒茶，为编写《茶经》积累了丰富的经验；宋代大诗人苏轼也和宜兴有着不解之缘；有些文人甚至还参与了紫砂壶的设计制作，如陈曼生……

文人墨客对宜兴茶、紫砂壶的喜爱、赞美和宣传，大大提高了宜兴紫砂在国内外的知名度。

可以说，紫砂文化在宜兴的兴盛发展，其实是一种天时、地利、人和。是宜兴的地理优势与历史文化相碰撞，在岁月长河中沉淀下来的硕果，缺少了其中的任何一环，都成就不了现在的宜兴紫砂。

"茶圣"陆羽雕像

一段历史

一般认为，宜兴紫砂文化"始于北宋，盛于明清，而繁荣于当今"。

对于紫砂在明清的发展，有文记载，有实物可鉴，毋庸置疑。但是始于北宋这一点，还有很多质疑声，因为迄今都没发现一件出自宋代的完整的紫砂壶，缺少实物证据。不过，在一些诗词中，我们可以隐约看到紫砂器的痕迹。

北宋欧阳修曾在《和梅公仪尝茶》中写道："喜共紫瓯吟且酌，羡君潇洒有余清。"这里的瓯就是喝茶的容器，紫瓯，有可能是用紫砂做的容器。

梅尧臣也在诗歌《依韵和杜相公谢蔡君谟寄茶》里写道："小石冷泉留早味，紫泥新品泛春华。"这里说到的用紫泥做的新茶具，有可能是紫砂器。

除此之外，在民间还一直流传着"东坡提梁壶"的故事。

宋朝大文豪苏东坡非常喜欢喝茶，他曾经说过：人生有十六件赏心乐事，其中就包括了喝茶——"晨

苏东坡雕像

兴半柱茗香，客至汲泉烹茶"。

相传，苏东坡晚年不得志，弃官后来到宜兴蜀山，住在蜀山脚下的凤凰村。闲暇时间，有朋友来访，苏东坡都会煮茶待客。宋朝时，流行煮茶，茶叶是要在壶里煮过才能喝的。可是紫砂茶壶却都很小，不适合煮。这让苏东坡感到苦恼。

一天晚上，小书僮提着灯笼来给他送夜宵。苏东坡盯着灯笼，突发奇想：我为什么不仿照灯笼做一把大茶壶呢？

于是，吃过夜宵，苏东坡就开始取泥做茶壶了。可是，好不容易做好了壶坯，却发现茶壶肩部老往下塌——泥太软了。于是，苏东坡又劈了几根竹片，放入壶肚里面支撑着，等到泥坯变硬定型后，再把竹片拿掉。

几经波折，灯笼壶总算做好了，可又因为壶大又光滑，手拿不住，于是，苏东坡又计划着给壶做个把。可做个什么样的把好呢？什么样的把又美观又实用，还可以在煮茶后不会太烫手？

正当他在百思不得其解的时候，不经意间抬头，刚好看见头顶的大梁横穿屋顶，两头稳稳地被木桩托住。苏东坡深受启发，决定照屋梁的样子去做壶把。后来，经过几个月的细作精修，苏东坡的紫砂茶壶终于做成了。因为壶是受了屋梁的启发而做，所以苏东坡就给这把茶壶起名为"提梁壶"。

因为苏东坡创制的"提梁壶"别具一格，不仅讲究力学原理，也考虑到了壶把的稳固，同时还兼顾美感，所以有不少人竞相仿制，并把这一类型的茶壶都叫作"东坡提梁壶"。

当然了，苏东坡提梁壶只是一个民间故事，苏东坡是不是真的是创作宜兴紫砂壶的第一个文人雅士，我们不得而知。

提梁壶

一袭传统

最初，紫砂壶就是一种实用性很强的茶具，体现的更多是一种茶文化。紫砂壶本身虽然外观小巧、精致而古朴，有很高的工艺价值，但没有更多的文化内涵。

直到清代嘉庆年间，文人陈曼生与紫砂名手杨彭年的一次合作，才让紫砂壶彰显出了更丰富的文化底蕴。

陈曼生这个人，可能做官不是很有名，但是很有才艺，他是书法方面著名的"西泠八家"（书法）之一，善于篆刻，而且作画水平也非常高，尤其是山水、花卉画。另外，他还有一个特点，就是酷爱喝茶，对玩壶制壶也早有研究。所以，当他在溧阳（宜兴附近）做县令时，便结识了紫砂名手杨彭年。在畅谈中，两人一拍即合。

于是，陈曼生就在工作之余，研究设计出多种造型简洁、便于刻画的壶形（"曼生十八式"），并邀请杨彭年进行制作。壶捏制成型后，陈曼生又亲自用竹刀在壶身刻写诗文，最后在把下和壶底分别刻上二人名字，入窑成壶。至此，第一把有文化的紫砂壶诞生了。

后人评价曼生壶"壶依字贵,字随壶传",正是因为文化和工艺的完美结合,才使得紫砂茶壶充满了文化气息,变得更加宝贵,而文人的才艺也随着宝壶更长久地保留了下来。

此后,越来越多的文人参与到紫砂壶的创作当中来,郑板桥、任伯年、吴昌硕等艺术大师都曾参与紫砂壶的创制。他们或设计、定制,或撰写壶铭,或书画篆刻,或为紫砂陶著书立说、树碑立传……将紫砂艺术向更高的文化层面推进,为紫砂艺术的发展注入了长盛不衰的生命力。

长盛不衰的紫砂艺术

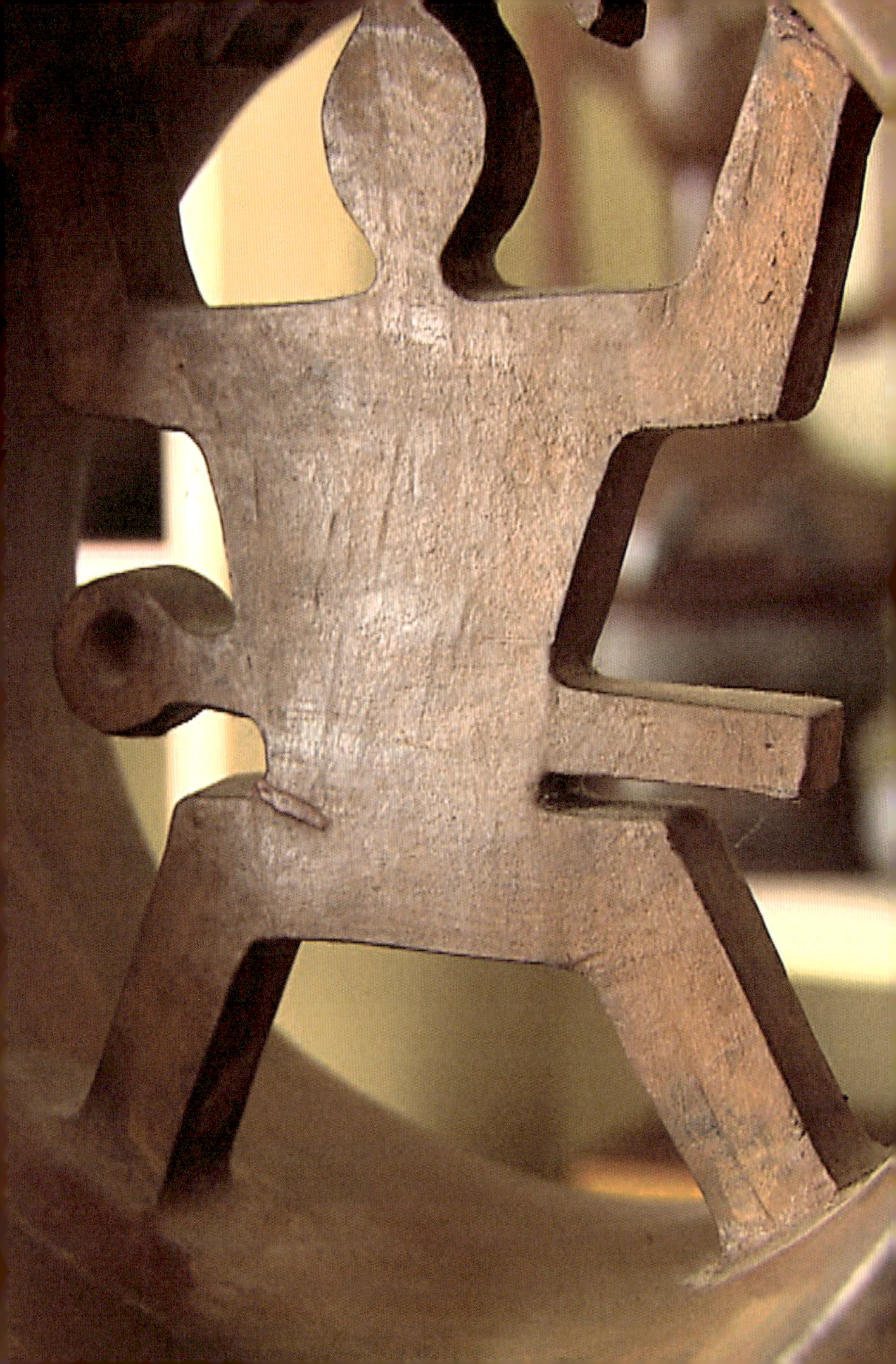

坭兴陶
Nixingtao

一件作品

如果你是第一次看到这个作品，一定会猜想，这可能是一个仿古的艺术高鼓。其实它是一件以广西古代铜鼓、长鼓为造型的坭兴陶摆件，是中国工艺美术大师李人帡的代表作——《高鼓花樽》。

我们先来细品一下它的刻雕艺术。这个坭兴陶鼓，以细腻、仿古的手法雕刻出飞翔的鹭、飞奔往来的野鹿、欢快竞舟的古人等场景，带给人们生机勃勃的感受。不仅如此，"鼓"身上还细致入微地雕刻着明显的皮质花纹，特意做旧，十分逼真，远看如同真鼓。

李人帡代表作《高鼓花樽》

光看它精细的刻雕艺术，我们便已被折服，在知道它的色彩形成的奥秘之后，我们就更为惊叹了。坭兴陶不施釉，不上彩，其颜色的呈现完全靠高温断烧产生的窑变。所以，坭兴陶器出窑后的颜色一般是不可控的，而这个作品却能够呈现出绿、橙、红这么有规律的颜色组合，可见其作者对窑变一定有非常深入的研究。

《高鼓花樽》以精湛的工艺水平及丰富的文化内涵，荣获联合国教科文组织授予的"杰出手工艺品徽章"，这标志着钦州坭兴陶的工艺已经达到世界一流水平。

钦州的坭兴陶有着自己独特的工艺和魅力，与江苏宜兴的紫砂陶、云南的建水陶和四川（现重庆）的荣昌陶并称为"中国四大名陶"。

❀ 特点

关于坭兴陶的艺术魅力，人们常用"古铜陶鹤（褐）、自然陶彩、陶刻技艺、陶艺造型"来形容，也就是"坭兴陶四宝"。就连作家王蒙都对坭兴陶非常喜爱，他曾经说过，自己第一次见到广西钦州陶器，就被它深深吸引，它光亮如铜，硬朗如铁，颜色深沉润泽，形体古朴大方，别具一格。

❀ 古铜陶鹤

坭兴陶无釉无彩，只需以广西钦江两岸天然的泥土（钦江东的东泥与钦江西的西泥）为原材料，经煅烧打磨后，就能呈现出独特的古铜色（褐色）基本色调，颇有金属的质感，这就是所谓的"古铜陶鹤（褐）"。

❀ 自然陶彩

如果说"古铜陶鹤"还不足为奇，也可以在其他陶艺制品上看到，那么"自然陶彩"则是坭兴陶所独有的。

广西钦江两岸

无釉无彩的坭兴陶，其陶土含有氧化铁等天然成分，所以在高温烧制过程中会产生窑变，自然形成墨绿、紫红、天斑、虎纹、天蓝、金黄、彩霞、火焰、银白……各种斑斓绚丽的色彩，极富艺术性，这就是"自然陶彩"。

"自然陶彩"是坭兴陶最显著的特征，堪称"中国一绝"。

陶刻技艺

☯ 陶刻技艺

坭兴陶的泥料具有细腻、含水量适中、结实润滑、可塑性强等特点，由此制成的陶坯往往"坚而不脆，硬而不散，柔而不软，韧而不粘"，非常适合雕饰。所以，艺术家经常以刀代笔，在坭兴陶坯上任意创作雕刻出诗画，为坭兴陶注入文化艺术之美。

坭兴陶作品

陶艺造型

坭兴陶因为使用了特定的陶土和独特的烧制技艺，所以具备了陶艺造型创作的各种优势，让艺术家在坭兴陶的创作过程中得以将其陶艺造型艺术发挥得淋漓尽致。因此，坭兴陶作品的造型非常丰富，从烟斗到茶壶，从花瓶、花盆到笔筒，再到大型工艺摆件，都不乏艺术精品。

用途

坭兴陶不仅具有很强的艺术性和丰富的文化内涵，实用性也很强。

上好的茶具

说起茶具，你可能就会想到宜兴紫砂。的确，宜兴紫砂茶具有很多的优点，但是除了紫砂，其实还有很多品质相当的陶艺茶具，钦州坭兴陶就是其中之一。

和宜兴紫砂壶一样，坭兴陶壶业也同样具有天然健康、泡茶"盛暑越宿不馊"、保温时间长等优点。

坭兴陶耐酸耐碱、无毒性（铅镉释出量几乎为零），而且其陶土原料中含有锌、钙、硒等多种对人体有益的微量矿物质。用这种健康的原材料烧制出来的茶具自然也是有益健康的。

坭兴陶具有透气而不透水的天然双重气孔结构。这种独特的结构，让坭兴陶成了一种可以和紫砂相媲美的茶具——用坭兴陶茶具泡茶，也是味正醇香，隔夜不馊。而且，使用时间长的坭兴陶茶壶会积聚茶积（俗称茶芽），此时，壶内即使不加茶叶，仅单独倒入开水，也是茶香氤氲。

坭兴陶茶具

❀ 花瓶、碗碟、摆件均不逊色

坭兴陶还经常被做成漂亮的花盆、花瓶、碗碟……

得益于坭兴陶的天然双重气孔结构,用坭兴陶碗碟盛饭菜也同样不容易变质;用坭兴陶花瓶栽花或者插花,花繁叶茂,经久不谢。据说如果栽种桃李,更可使之开花结果。

此外,坭兴陶还多被制作成各种大型摆件,非常精美,具有很高的观赏价值。

正因为坭兴陶优点颇多、应用广泛,中国著名剧作家、诗人田汉当年参观钦州坭兴厂后写下诗歌十余首,其中一首迄今还在钦州广为流传:

"钦州桥畔紫烟腾,巧匠陶瓶写墨鹰。
无尽瓷坭无尽艺,成功何止似宜兴。"

一位有缘人

❀ 坭兴陶祖师爷

在钦州，人们把清代咸丰年间的钦州陶艺人"胡老六"，尊为坭兴陶的祖师爷。

相传，清代初期，胡老六随父母从福建迁居钦州。因家境贫困、家中孩子多，排行第六的胡老六只好辍学在家。但是，他聪明好学，动手能力极强，从小跟着大人学编织、捏泥人。长大后，胡老六加入太平军，有一天在战场上收缴了一支烟枪，见其制作精美，就偷偷把它藏在身上。

后来，胡老六回到钦州，因受烟枪启发，便开始研究烧制陶器的新方法。他摒弃了以泥和细沙混合制坯的传统制陶方法，而是将钦江西岸的紫红泥中的细沙去掉，用提炼出的纯泥去捏制烟斗。本来，他只是想要自己制作出来的烟斗更加细腻坚硬，可没

坭兴陶工艺品的批量生产

想到烧制出来的烟斗经过打磨后，不仅变得细腻如玉，还呈现出了一种神秘的古铜色。

这是钦州陶第一次出现窑变。随后，胡老六用此方制作了很多烟斗，都因工艺精良而畅销省内外，甚至有人拿它们同宜兴紫砂相媲美。就这样，钦州陶器开始有了自己的品牌：钦州坭兴陶。

禁烟运动开始后，胡老六停止了烟斗生产，而改为专门带徒传艺，从事花瓶等坭兴陶工艺品的生产。在他的影响下，坭兴陶的制作工艺不断改进，产品品类逐渐增多，出现了大量的艺术陶，并形成了相当大的产业规模。

黎氏兄弟首获国际大奖

如果说胡老六是坭兴陶的祖师爷，那么黎氏兄弟就是第一个将坭兴陶带上国际舞台的人。

黎氏兄弟是钦州黎家园的黎昶春、黎昶昭兄弟。他们在制陶的过程中，发觉仅用西泥做出的坭兴陶作品没什么张力，所以想要寻找更好的陶泥。在多次尝试之后，他们终于发现钦州泥料的"秘密"：东泥软，黏性重，可以让坭兴陶的结构更紧密、丰满；而西泥硬，可以让坭兴陶更坚实、硬朗——如果将东泥和西泥按照6：4的比例来配比，那么做出来的陶器不仅结构紧密，而且更加细腻雅致。

这一发现让坭兴陶的制作工艺发展到一个新的阶段。此后，黎氏兄弟的作品两次在国际展览会上获得金奖，使得坭兴陶享誉海内外。

1915年，由黎氏兄弟制作的"坭兴陶山水花鸟瓶"在美国旧金山举办的巴拿马太平洋万国博览会上，荣获第二名金奖。这是中国陶器最早获得的国际大奖。

时隔15年后，在比利时举办的世界陶瓷展览会上，黎氏兄弟的另一对坭兴陶作品——"岁寒三友猪胆瓶"，因其质朴、古拙，呈天然妙趣，荣获第一名金奖。

此后，中国其他艺人的坭兴陶作品也频频在国际大赛中获奖，迄今为止，已经诞生了40多个获国际大奖的作品。

黎氏兄弟的坭兴陶技术也得到了很好的传承，有"钦州雕刻第一人"之称的黎昌权，是黎氏兄弟的第七代传人。2005年8月，在香港、澳门举行的"港澳广西周"活动中，由他制作的钦州坭兴陶艺术品被作为礼品赠送给了全国政协副主席、香港特别行政区前行政长官董建华先生。另外，他与中国工艺美术大师李人帡合作的山水橄榄瓶，在广东省工艺美术珍品馆展出，获一等奖，并被该馆永久收藏。

❀ 现代国家级非遗传人李人帡

中国工艺美术大师李人帡，是坭兴陶项目国家级非遗代表性传承人，也是坭兴陶艺界的国家级工艺美术大师。

和一些民间老艺人不同的是，李人帡从中学起就受过正规的美术基础训练，后来工作后又在中央工艺美术学院陶瓷专业进修，还专门参加了书法、篆刻等函授学习。他不断地进行美术学习，让其坭兴陶作品有了更高的境界。

他的坭兴陶作品力求展现材质美，内容多表现古代汉、壮文化与现代审美习尚的统一，风格平和简朴，雅俗共赏。他设计的《双环龙凤纹瓶》《壮乡石榴瓶》《壮魂花缸》《硕果》《2008年北京奥运陶钟》等多件作品获全国工艺美术"金凤凰"设计大赛金、银奖；作品《硕果》入选第六届中国-东盟博览会金奖和国礼首选珍品。

现在，他的坭兴陶作品《陶牛角》《海石花缸》珍藏于中国工艺美术馆。《三足宝鼎》《高鼓花樽》分别收藏于中国国家博物馆和清华大学艺术馆。

李人帡大师还为坭兴陶的保护、传承和发展壮大做出了很大贡献。20世纪90年代末，由于多种原因，企业经营困难，不少坭兴陶工艺厂只得让员工自谋出路。当时，外省多家企业诚邀他加盟，开出的工资高出原工资的20多倍，但都被他拒绝了。源于对坭兴陶这个优秀的民族陶艺的钟爱，他与几个同仁成立了新公司，坚持艰苦奋斗，技术革新，最终创新"窑变新工艺"等十多项新技艺，使"窑变"成功率大大提升。同时，他还培养了大量的技艺人才，如陆景平、黄海基、李燕、曾日荣等代表性的国家、自治区级大师。

1995年李人帡获联合国教科文组织和中国民间文艺家协会授予"民间工艺美术家"荣誉证书。1997年获国家授予"中国工艺美术大师"荣誉称号。

现代传承人韦君安

韦君安是中国陶瓷艺术终身成就奖得主王兆儒的弟子。他从2005年开始潜心研究坭兴陶雕刻，并崭露头角，风格自成一派，是钦州坭兴陶行业的后起之秀。在他的刻刀下，茶器总能与雅趣并存。如他的"诙谐系列"作品，就用幽默直白的文字和简单逗趣的漫画，淡淡地道出一些人生哲理，很受年轻人的喜欢。他的作品荣获全国陶瓷装饰比赛广西区优秀奖（2018年）、广西工艺美术大师精品创作工程"精品奖"铜奖（2019年）。

一门手艺

在前文中，我们已经介绍了不少陶器的烧制工艺，其工艺流程其实大同小异——都包括选料、制坯、装饰、烧制、打磨等基本工序，只不过不同的陶制品会在某些环节上有特殊的讲究，故而形成不同的特色。坭兴陶的烧制也是如此，它的窑变烧制技艺已经被列入国家级非物质文化遗产名录。

◉ 选泥

钦州坭兴陶的泥料（东泥和西泥）其实简单易获得，均来自钦江两岸。

东泥学名高岭土，是以白色为主体的黏土，也称白泥、五花土或白胶泥。这种泥土一般藏于低洼地带，泥软、黏性好、可塑性强，但在烧制的时候支撑强度差而容易软塌变形，被称为"东泥软"。西泥以红色为主，也称紫红泥，主要藏于山体腹部，泥质坚硬，强度高，但可塑性不如东泥，煅烧时支撑力强却容易开裂，被称为"西泥硬"。

可以说，东泥和西泥各有优劣，匠人们将两种泥土按比例（软六硬四）混合，可以起到优势互补的效果。

陶泥选取回来之后，不能直接练泥，还需要先风化。而且，两种泥料采用风化方式并不相同：东泥因为又软又细，所以挖掘回来之后需要封闭存放，以避免大雨淋湿、泥料流失；西泥则是较硬的块状黏土，所以需要露天堆放，在经过4～6个月的风晒雨淋之后，西泥才能达到碎散、氧化、溶解的最佳状态。

东泥与西泥

练泥

风化完成后，东泥和西泥就进入练泥阶段，泥料只有被练过之后才能达到柔滑细腻、韧而不黏、可塑性强的状态。

练泥方法有传统的人工嗨泥法和机械练泥法。其中，人工嗨泥法又分为五个步骤，包括挥泥、淘浆、滤水、压泥、嗨泥，每个步骤都很繁复。

第一步：挥泥

先挖一个大的方形母池（化泥浆时外力不易被缓冲消耗掉），旁边再挖若干个子池（圆方皆可），子池都会开一个小缺口，以便水流入母池，不需要时堵住缺口即可。

再将风化好的陶泥打碎，铲入母池。这时，工匠会加入足量的水，跳进母池，用脚搅拌，即"挥"，直到碎泥彻底化开，变成很稀的悬浮流体状的泥浆。此时，就进入淘浆的步骤。

第二步：淘浆

工匠将挥好的泥浆舀入子池，沉淀一段时间之后，再打开子池缺口，将水放回母池，并不断地在母池中搅拌。因为放回母池的水中还会携带一些泥浆，所以，工匠还会再次将母池中的泥浆舀入子池。如此反复，直到母池中的悬浮流体状泥浆全部变成与水充分融合的稀泥浆，并且分沉在各个子池为止。

第三步：滤水、压泥

子池中淘好的稀浆会被工匠装入布袋，搁置一段时间后，滤出水分。然后，工匠还会在布袋上压上石块，让泥浆变得紧实，成为合格的泥料。

练好的成泥

第四步：嗨泥

嗨泥是练泥的主要环节。嗨泥时，工匠们一般用铁丝做弦，用竹子或粗藤做弓，即"嗨泥插"，然后一只手紧紧握住弯弓，来回用弦切割泥料，而另一只手则要配合地拍打泥面，将切割下来的泥再粘上，并将陶泥迅速地翻转拍下。因为在这个过程中，工匠几乎是用尽全力，所以往往会一遍拍泥，一边大喊："嗨"——"嗨泥"因此而得名。

练好的泥料一般会被封存一段时间（陈腐期），等性能达到最佳状态时，就可以用来制坯了。

制坯（成型）

传统的坭兴陶制坯方式是手工拉坯。手工拉坯时，工匠先将泥料放在陶轮圆盘上，然后在轮盘转动的过程中，双手配合地控制泥料，拉造出各种造型。

这个过程和前面提到的黑陶的拉坯工艺相差不大。虽然手工拉坯是一种具有观赏价值的艺术性劳作，但是对工匠的手艺要求非常高，所以无法扩大再生产，一般只用在精品坭兴陶的制作上。现代坭兴陶的制作还会用到印坯成型、模具成型、注浆成型等多种机械或半机械式的制坯方式。

手工拉坯

坯体饰雕

粗胚成型之后,还需要通过精细的修整,如果是挤压或注浆成型的陶坯就更不能省掉精修这个步骤。经过精细的修坯之后,粗坯表面就变得光洁如镜,棱角和线条就清晰分明了。再接上坯体的其他配件,坭兴陶器就基本成型了。

饰雕

饰雕就是在晒干(或尚未全干)的陶坯上做装饰性雕刻。前文也说到,坭兴陶不但黏性好,易于成型,可塑性强,硬度高,而且陶坯细腻柔滑,特别适合雕刻。所以大师们都喜欢在坭兴陶坯体上施展浮雕、透雕、平雕等多种雕刻工艺。

煅烧

坭兴陶最大特点是窑变，在煅烧这一工序中实现。要实现窑变，须控制烧窑温度。如何控制，大有讲究。

坭兴陶的煅烧工序大致是这样的：

先按正常烧成的方法让窑内逐渐升温、排湿，然后封堵排湿孔并加快升温。当实际烧成温度在1120 ~ 1180摄氏度，还需要保温一段时间，这样才能让炉内温度更加均匀，使得烧制出来的坯体通透。当炉内化学反应充分、均匀之后，才可以停烧，并自然冷却降温。不过，说起来容易，做起来难。

坭兴陶的呈色靠的是窑变。原料土中含有丰富的矿物质，其中有些元素有利于陶土的黏结和炉内煅烧时陶坯的支撑，还有些元素可以形成窑变，让成品色彩丰富，如铁元素。而窑变过程其实就是一系列化学反应的过程：当炉内温度达到烧成温度时，炉内气氛就会发生对流回环，这时铁元素会发生复杂的氧化、还原、氧化气氛变化的循环反应，形成各种颜色。

坭兴陶的窑变与景德镇瓷、河南钧瓷的不同之处在于：前者是肽质自身表层（在一定厚度内）产生的窑变，而后者是釉的窑变（铁、铜或其他元素交叉完成的窑变）。所以坭兴陶的窑变又被称为"自然美感窑变"。

煅烧窑变后

❀ 打磨抛光

坭兴陶坯在煅烧过程中，表面会形成一层浅表的氧化层，所以刚出窑的陶坯看起来粗糙而无光，只有经过打磨之后，才能呈现出窑变的真面目。不过打磨也很考验工匠水平，因为这个氧化层非常薄，磨浅了窑变显示不出来，磨深了又会损伤胎体，尤其是刻雕好了绘画或书法作品的表层，稍稍磨深了就会破坏作品的神韵。

打磨完成，还需要做抛光处理。至此，一件有玉感的、色彩奇幻的、有文化内涵的坭兴陶作品才算最终完成。

如上，一件坭兴陶作品需要经过多道繁复的工序才能制成，只有每道工序都做到精心制作，才能将坭兴陶窑变的温润与古朴体现得恰如其分。所以，有人说工艺是坭兴陶壶价值的灵魂所在。

窑变后的打磨

一方水土

钦州市素有"中国第二陶都"之称，属于广西北枕山地，地势北高南低，南部沿海，紧连北部湾北岸，东面连接北海市、玉林市，西面毗邻防城港市，南面是钦州湾，北面与南宁市相接，地理位置很优越。

这里有一条江贯穿钦州市，名叫钦江。在钦江东西两岸，有着富含高含铁量与微量石英砂的软泥和紫红色硬泥。钦州市与众不同的地域环境和独特的陶土，为坭兴陶的发展提供了优异的天然原材料。

钦州坭兴陶因其地理独特性，与"壮锦"一起被评为广西最具民族特色的两件宝贝，2008年12月获国家地理标志保护产品注册。

钦州在古代属于百越之地，是一座历史悠久的南疆古城。据考古学家研究发现，钦州制陶史可以追溯到新石器时代，距今已有5000多年。不过，钦州陶有文字记载的还是始于唐。

民国九年（1920年），宁越郡（现在的钦州市）城东70里的平心村农于山麓发现逍遥大冢，里面藏着一方宁道务陶碑——高四尺余之巨制，旁边还藏着陶壶一个。碑上刻有唐开元二十年（公元732年）字样。

民国三十五年（1946年）版《钦县县志》对这一发现做了记载："我钦陶器，谅发明于唐以前，至唐而益精致。迄今已历一千一百八十八年，可知我钦陶器历史由来已久。"

据记载，钦州陶从唐代开始出口东南亚，但是元明时期逐渐衰落。后来，到清代咸丰时期，经胡老六等手工艺人改良，钦州坭兴陶又开始复兴。

坭兴又名"泥兴",最初还被称为"宜兴"。因为钦州陶与久负盛名的江苏宜兴陶器相似,为了提高本土陶器的知名度,一些商家就假借宜兴陶之名,将其取名为"钦州宜兴",后因钦州话"宜"与"泥"同音,改为"泥兴"(坭兴)。

清同治、光绪年间,钦州坭兴陶烧制业繁荣一时,出现了以"黎家园""麦云记""潘允馨"等为代表的坭兴陶生产作坊四十余家。其产品也是品类繁多,从碗、茶壶等生活用具到香炉等祭器,从笔筒、笔洗等文具到花樽、花瓶等摆设品,应有尽有。

当时,制作坭兴陶的工艺人都集中在城南鱼寮横街开店,因为以坭兴烟斗最为畅销,所以这条街被称为"烟斗巷"(后为"坭兴街")。当年的烟斗巷十分繁华,除了本地人,还有很多外省和海外商人前去购买——他们在这里进货,再卖到其他省市。还有一些商人在上海、香港、澳门和星洲(今新加坡)等大都会,设立了"钦州街",坭兴陶因此畅销海内外。

后来,禁烟运动开始之后,很多坭兴陶工艺人都停止了制作烟斗,烟斗巷也因此改名为"坭兴街"。坭兴街的鼎盛时期一直持续到抗日战争爆发。

一段历史

前文我们提到,坭兴陶第一次获得国际大奖,是在1915年美国旧金山市举办的巴拿马万国博览会上,但其中的细节你可能并不知晓。

当年,一位常在钦州一带活动的梁姓广州商人,看到黎氏兄弟制作的一对坭兴陶山水花鸟瓶后,对其赞不绝口,并建议他们拿到巴拿马万国博览会展出。不过,从未出远门的黎氏兄弟不知如何参展。

于是,这位梁姓商人便将这对山水花鸟瓶托付给朋友,让其送到上海,与中国展品一同运往美国参展(据记载,中国第一次组团参加这样的世界博览盛会,参展品多达10余万件,重千余吨。)不巧的是,中国组团的船已经开走了。

后来,这位商人又托亲戚将花瓶送到越南海防,再转道香港,几经周折,这对山水花鸟瓶正好赶上香港去巴拿马的船,最终得以与茅台酒同台展出。正如其所希望的那样,这对坭兴陶山水花鸟瓶一经展出,便吸引了很多外国游客的眼球,大家纷纷赞叹其造型独特、做工精细。最后,山水花鸟瓶不负众望,获得该次博览会的金奖。

不过,当时的通信还不发达,黎氏兄弟并不知道山水花鸟瓶获得国际大奖的消息。后来,当时的中国政府几经调查,才确定这对获奖坭兴陶瓶出自"黎家园"(名号),并按规定重奖了黎氏兄弟一栋位于城内街的"四合式宅院",并举行了三天的庆祝活动。

据原《钦州县志》记载,钦州当地人们获悉黎氏兄弟得了国际大奖后,舞龙放炮连续欢庆了3天,还有很多文人墨客吟诗作对,写下数十首诗庆贺。

可惜的是,获奖的那对山水花鸟瓶后来不知流落到何处,一直都没找着。

一袭传统

我们知道,钦州坭兴陶在清代开始畅销是因为烟斗,而坭兴陶做茶具稍逊于宜兴紫砂,所以其坭兴陶工匠们就更注重在产品的装饰工艺上下功夫。

又由于坭兴陶坯非常适合刻雕,所以很多艺术家都乐于将坭兴陶当成诗画刻雕的载体。他们经常以刀代笔,将书法、绘画、篆刻、金石等各种艺术形式,完美地呈现在坭兴陶上。

慢慢地,富含文化底蕴,凸显陶制品文化品位,就成了坭兴陶享誉中外的一大特色。

其实,很多坭兴陶的作者就有很高的文化修养,如前文提到的工艺美术大师李人帡,就在持续的学习中不断地提升自己的文化修养,还有首获国际大奖的黎氏兄弟(黎昶春、黎昶昭),更是能诗善画。

黎昶昭的儿子黎启泰曾在文章《黎昶春、黎昶昭与钦州坭兴》中写道:"昶春能书善画、精于雕刻,所制坭兴,绘上瓦当、钟鼎、山水人物、花卉、鸟兽,写上篆书、隶书文字,尽态极妍,堪称上品。一九一四年章正枢任钦州中学校长时,聘昶春为美术教师。"

正因为黎氏兄弟的坭兴陶作品"晶莹雅致，雕刻精细"，所以"遐迩闻名，海外人士省港商人，络绎蹱门订购"。还引来文人雅士、书画名流"争在坭兴制品上亲笔书画，留下题咏"，让"黎氏的衡门茅舍，顿增光辉……"。

坭兴陶以深厚的文化内涵和精湛的工艺，受到了国内外的广泛关注。作为中国传统文化中的瑰宝，坭兴陶有特色、魅力、历史、文化、故事……它带着自己独特的风采走出国门，走向世界。

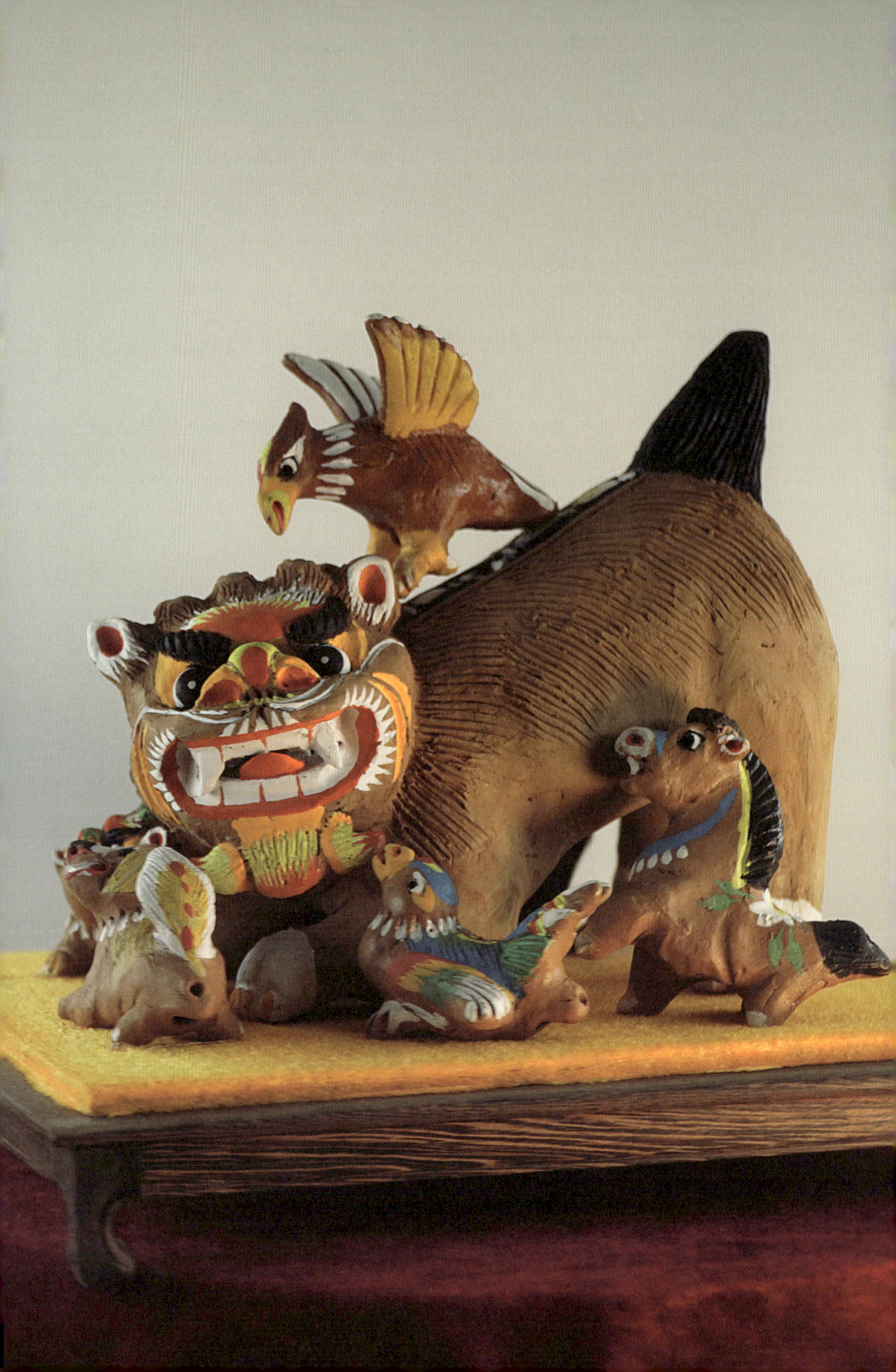

浚县泥咕咕
Xunxian Nigugu

一件作品

　　这是一组非常生动传神的泥塑作品。

　　两只小狮子分别玩弄着两只绣球，正憨憨地冲着我们笑，露出一口圆滑的乳牙，非常可爱。这组作品出自中国民间艺术家之手，有着较重的即兴捏制的烙印，虽然略显粗糙，但更显得质朴和自然。

　　这种传统的泥塑作品，在河南浚县还有一个通俗的名字，叫作"泥咕咕"。在这些泥塑作品的尾部，通常会留有两个小孔，一吹就能发出或清脆或低沉的声音，像小鸟咕咕叫一样。

　　看到这里，你是不是觉得这个泥咕咕似曾相识？

　　没错，可能每个人小时候都吹过这种可以发出"咕咕"声音的陶瓷小鸟，只不过我们买到的陶瓷小鸟是玩具厂用模具批量生产的，而不是手艺人纯手工捏制的。不过，可千万别小看这些小

泥咕咕狮子

小的"泥咕咕"玩具，浚县泥咕咕因其具有独特而丰富的历史文化内涵，于2006年被列入中国第一批"国家级非物质文化遗产"名录。

特点

浚县泥咕咕是一种小型的民间泥塑作品，以取材丰富广泛、颜色对比强烈和追求神似为特点。

取材丰富而广泛

泥咕咕的制作与传统文化和民间风俗相结合，形成了浓厚的地方特点。其造型大致可分为四大类：

第一类是以斑鸠、燕子、孔雀、鸡等形象为主的禽类造型；

第二类是以老虎、狮子、大象、猴子为造型基础的动物造型；

第三类是传统军事题材，如骑马人、三国英雄人物、瓦岗军等人物造型；

泥咕咕斑鸠　　　　泥咕咕动物

第四类是戏曲神话形象和生肖造型，如八仙和十二生肖等。

随着时代变迁，浚县泥咕咕又发展出了不少反映现实农村生活的题材，有的以现实中的人物为原型，有的描绘了一幅生活场景……

泥咕咕历史人物——李逵

泥咕咕十二生肖

泥咕咕的农村生活场景

❀ 颜色对比强烈

传统的泥咕咕彩绘的底色主要为黑色。在黑底上，再用大红、大绿、大蓝、大黄、白粉等颜色，画出各种各样的装饰图案。这些彩绘，一般直接用原彩色，很少用调和过的中间色。

这种大红大绿的强烈对比，古朴别致、生动传神的造型，使泥咕咕充满了民间艺术特色，别具风味。

❀ 追求神似

传统浚县泥咕咕的风格并不是写实主义。人们在捏制的过程中，总是会把自己对生活的认识和理解，通过随意增减夸张，在泥塑中表现出来。所以，浚县泥咕咕的造型一般都古朴别致，不重形似而追求神似，有着浓厚的地域色彩和较高的艺术价值。

比如骑马人，手艺人为了突出战马的雄壮和稳重，就把战马的颈部捏制得非常粗壮，有的甚至占了整个身体的2/3，而马的四肢则捏造得相对很短。还有咕咕鸟的造型，它们的肚子通常被捏制得圆润饱满，头和尾部反而很小，形成了独有的艺术特点。

作用

浚县泥咕咕是中国民间美术的一个品类，它不仅具有较高的艺术价值，同时也成为中国历史文化的一个载体。在历史的长河中，它为人们提供了情感、宗教、娱乐、审美等多方面的精神支撑。

反映传统农耕文化

浚县泥咕咕是农耕文明的产物，反映着中国传统的农耕生活。在泥咕咕的造型中，有不少牛、马、羊、狗、猪、兔子、鸡、鸭、鹅、鱼等家畜、家禽形象。通过这些"泥咕咕"的动物形象，我们可以了解中国传统的农耕文化和习俗。

记录历史

骑马人、三国英雄人物、隋唐英雄人物等英雄人物，是浚县泥塑艺人最乐于创作的传统题材。这些题材大部分都与浚县的历史事件密切相关。

例如，在三国时期，地处中原要地的浚县成了兵家必争之地——关羽斩颜良时所处的白马坡就在浚县，这些历史故事必然会在浚县民间产生重要的影响，因此诸葛亮、赵子龙等深受浚县先民们喜爱的正义形象，成了"泥咕咕"经久不衰的表现题材。创作"泥咕咕"的手艺人将他们的精神诉求寄托在"戏人"身上，并把通过"泥咕咕"传递给孩子们。

承载传统文化

在传统的"泥咕咕"作品中,有不少鸟图腾、龙图腾、虎图腾、熊图腾等的题材,这些图腾都与中原地区人们的民间习俗和信仰有关。比如,人类自古就有对鸟类信仰崇拜,鸟图腾泥咕咕就是在农耕文明下民间对鸟类信仰崇拜的一种表现;"泥咕咕"中的狮子形象,在很大的程度上与佛教文化相关,狮子是人们心目中可以辟邪的神兽;而老虎,在民间被认为是凶猛威武的形象,象征着勇敢、健康、力量……

正因为泥咕咕承载着民间习俗和民间信仰的内涵,才能够在民间经久不衰,不断迸发生机。

生机盎然的泥咕咕

一位有缘人

⊕ 始创者

相传，泥咕咕已经有数千年的历史了，但是关于泥咕咕的始创者，一直都是个谜。宋代以后，随着浚县古庙会规模的不断扩大，泥咕咕也以浚县民俗为基点，获得很好的传承与发扬。尤其是在成为"国家非物质文化遗产"之后，浚县泥咕咕得到了更好的发展。

⊕ 承上启下：王蓝田

泥咕咕在现代的发展中，王蓝田绝对是一个承上启下的代表人物。

王蓝田的作品很多，他捏制了很多骑马人、人面禽鸟等经典的泥塑作品，艺术价值很高，其中有250件被中国美术馆收藏，有的还被国外的艺术馆收藏。

生活在泥艺世家的王蓝田，从六七岁就开始跟着长辈们捏泥咕咕了。那时候的人们生活都很艰难，泥咕咕做得再好也很难卖上好价钱，所以，捏泥咕咕的都不追求有多好，只追求数量多，多了就可以在庙会上多卖钱。正因此，那时候也没什么精美的泥咕咕。但就是在这日复一日的捏泥过程中，王蓝田的手越来越灵巧，显示出了捏泥咕咕的艺术天赋。

后来，为了养家糊口，王蓝田除了捏制泥咕咕在本村的庙会上卖，还去外村赶庙会。他说，为了讨好买主，让自己的泥咕咕好卖，他就尽力把泥咕咕捏得精美一些。他还会有意做些能活动的小动物，比如，把乌龟的头和腿都用铁丝连在乌龟上，碰一下就来回摆动；把狮子的口腔做成空的，将狮子的舌头变形为一个会来回滚动的圆泥球；将人物、兽畜的头与身躯分离，以弹簧做脖颈，这样做出来的人或动物头部就会不停摇摆，生动灵活……

　　不管是战乱年代，还是泥咕咕遭遇封锁的动乱时期，王蓝田都没有停止过捏制泥咕咕，没有停止过在继承传统技艺的基础上发展创新。除了在捏制工艺上的创新，他还大胆拓宽了泥咕咕的创作题材。他不仅恢复了隋唐时期的泥咕咕旧题材"骑马人"，将泥咕咕从"动物世界"带进了"人类社会"，还大量引入传统戏剧和传说故事中的人物，塑造出了三国人物、西游记人物、传统戏剧人物等系列泥咕咕作品。

　　1988年，王蓝田被评为"河南省民间艺术家""民间工艺美术大师"等，其作品也陆续走进了中国美术馆、英国大英博物馆等国内外的美术馆和博物馆。

现代传承人

　　继王蓝田之后，浚县泥咕咕的主要传承人有王学锋、李卫雪、宋楷战、朱付军等人。

王学锋

　　"保留了浚县泥咕咕的传统精髓，并于细腻流畅中表现出一种新的美学品格。"著名学者马金章先生曾这样评价王学锋的作品。

　　王学锋是王蓝田的儿子。虽然身处父亲的光环之下，但他并未因循守旧，在继承家族泥咕咕工艺的同时，他还注意从玉雕、瓷器等精美工艺中汲取养分，博采众长，兼收并蓄，逐

绘制瑞龙祥云的王学锋

浚县泥咕咕　139

步形成了一种独特的风格。如果说王蓝田的艺术是古朴豪放、生动传神，那么王学锋的风格则是古朴细腻、形神兼备。

王学锋捏制的狮子滚绣球、骑马人等泥咕咕作品也非常出色，并且尤其擅长捏马、十二生肖等组件。他塑造的马匹，颈部硕大，躯干四肢偏小，威武雄壮，成了王派泥塑艺术的代表作。

他还与父亲一起改良了泥咕咕的制作工艺——将泥坯晾干后入窑烧制。这样烧制出来的泥咕咕质地比以前更坚固，在运输中不易损坏。此外，王学锋还继承、整理、丰富了王氏泥咕咕的题材和品类。传统泥咕咕的题材较杂乱，王学锋带领弟子们进行分类整理——他将已有的泥咕咕题材分成六大类，并对其进行丰富。

自20世纪90年代以来，王学锋不断参加各地举办的民间工艺品展览会，并且不断应邀到清华大学等高等院校讲学，扩大了浚县泥咕咕在全国的知名度。另外，他率先在当地成立专业合作社，发动并组织村民做大泥咕咕的产业规模。而他的作品也多次走出国门，先后在新加坡、日本、德国、法国、美国……巡回展出，并被大英博物馆及多位外国专家学者收藏。

2007年，王学锋被评为泥塑（浚县泥咕咕）项目国家级非物质文化遗产的代表性传承人，据悉，他是迄今为止这一项目唯一的国家级传承人。

李卫雪

李卫雪是一位90后女孩，虽然年纪不大，却也算得上是捏制泥咕咕的"老人"了。

李卫雪也出身泥塑世家，她的父亲——李连顺，是一位非物质文化遗产泥咕咕项目的代表性传承人，有"脸谱李"的称号。他擅长捏制脸谱泥咕咕，并且对脸谱有着独特见解。他的脸谱泥咕咕作品多次在重大文化交流活动中获奖，并被国内外友人收藏。

如今，李卫雪成了"脸谱李"的工艺继承人，其作品形象逼真，随意洒脱，气质各异，活灵活现，散发着浓厚的乡土气息。

2011年，李卫雪被评为鹤壁市泥咕咕代表性传承人。

宋楷战

宋楷战笔名"憨刀"，是中国国家级非物质文化遗产泥咕咕项目市级传承人，河南省民间工艺美术大师。

宋楷战有很多重身份，除了担任泥咕咕美术馆馆长、鹤壁市非遗馆馆长、河南省雕塑学会理事等职之外，他还是多所大学雕塑系、艺术系的客座教授。其泥咕咕作品也斩获了很多奖项，如作品《憨老五》荣获河南省首届民间艺术展一等奖（2012年），作品《牛犇》荣获"百花杯"中国工艺美术精品展金奖（2014年）……

另外，他还经常参加一些文化交流活动，如2018年携作品《泥塑》参加了央视春晚，2017年代表中国孔子学院事业部参加第十二届中国孔子大会，为浚县泥咕咕的推广做出了贡献。

"憨刀"宋楷战与作品

泥巴哥

泥巴哥（腾哥），原名朱付军，手工泥塑师，中国非物质文化遗产"泥咕咕"的代表性传承人。

如今在浚县，更多的年轻人会选择去大城市里打工，而愿意静下心来继承和发展泥咕咕这门手艺的年轻人越来越少了。泥咕咕传统手艺一度面临后继乏人、逐步失传的危机。

泥巴哥就是这些年轻人中的一个。虽然从小就耳濡目染泥咕咕的捏制过程，但是长大后并没有把这个当成自己的事业，而是出去打工了——当保安、做焊工都比捏泥咕咕挣钱。几年前的一次意外导致他脚外伤骨折，却让他有机会重新认识了泥咕咕。

"泥巴哥"朱付军

这次受伤恢复后，他不能再干体力活了，这就意味着他在城市的打工工种将受到很大限制。正好那时，快手官方和鹤壁市政府达成了一个战略协议，推广鹤壁市的民俗文化和非遗项目。他想着，自己就会捏泥巴车，就捏一个泥塑小拖拉机发布到快手平台试试看。出乎意料的是，第二天点击量就高达200多万。

就这样，泥巴哥一播就不可收，逐渐走向了专业网红主播之路，而主播的内容就是自己捏制的泥塑作品。他的泥塑作品和传统不同，主要是一些新式的、会动的泥塑小汽车、拖拉机、怪兽等，深受年轻人的喜欢。为了适应粉丝的需求，泥巴哥还对自己的泥塑作品不断地做出改良，已然成了新时期泥咕咕作品的一个代表。

泥巴哥从2018年首播以来，已经收获了700万的粉丝量：在快手有470万，在抖音有48万，在火山有40万，在头条有13万，在微博有34万……并获得了很多网络奖项。此外，他还通过互联网平台带货，帮助村中136位手艺人卖出了他们积攒已久的泥塑作品。

泥巴哥也许不是泥塑手艺最精湛的那一个，但给浚县泥咕咕产品打开了一扇市场的大门，现在越来越多的年轻人愿意回归家乡。泥巴哥说："网友们的肯定，就是对我最好的鼓励，以后的路还很长，我也一定会坚持地走下去，把泥塑这项非物质文化遗产更好地传承下去。"

"泥巴哥"的作品

一门手艺

泥咕咕的制作，看起来并不复杂，使用到的工具也很少，但是工序很多。

选取原料

普通的泥巴不一定能捏制出泥咕咕，作为原料的黄胶泥可没那么简单。

浚县杨玘屯村所在的地方在金代以前是黄河故道，黄河流经这里，沉积下厚厚的泥层，被当地人称为"黄胶泥"。黄胶泥不仅质地细腻，而且黏度高，可塑性好，不易破损，堪称制作泥咕咕的最佳原料。

浚县"黄胶泥"

取土也是有讲究的。地下一米左右的浆泥土是首选，因为这个深度的泥土土质比较纯净，很少有树根和草根等杂质。

❀ 筛土打泥

取回来的黄胶泥是不能直接用于制作的，还需要经过晾晒、筛土去杂质等工序。然后，才能加水和泥。

和前面说到的其他陶器的制作工艺一样，和好的泥土还须用木棍反复捶打，直至黄胶泥柔软细腻，像揉好的面团一样，就可以进入捏制的工序了。

❀ 捏制成型

捏制成型是制作泥咕咕的最关键的一步。捏制时，手艺人需要先用手团揉，粗略地捏出大致轮廓。然后，再用削成一头粗一头尖的竹制工具，雕制出鼻子、眼睛、嘴巴和身上的花纹等

筛土加水和成泥

浚县泥咕咕

细节。最后，手艺人还会根据其形状，在不同的部位上打眼通孔——用嘴一吹，就能发出不同的声音。

如果要做活头马、活头狮子等泥玩，还须添加钢丝、弹簧等。这样，泥咕咕才算捏制成型了。

上色

泥咕咕素坯成型后，还须涂绘。一般用自制麻笔（毛笔），蘸上松香（墨汁）、洋颜色（水粉颜料），在素坯上画上不同图案。

捏制成型

素坯涂绘

涂绘完后，再用清漆薄薄地涂上一层。然后，就进入到最后的窑烧环节了。

✤ 窑烧

捏好的泥咕咕很容易变形，为了方便保存和携带，泥咕咕坯体还需要在晾干之后进行窑烧。烧制时，窑内温度要始终保持在700摄氏度左右，烧制24个小时。为了让烧制更均匀，手艺人一般会把泥咕咕分层摆开。

在杨玘屯村，几乎家家户户都有一个高与宽约一米左右的砖砌小土窑。

一方水土

❀ 中国泥塑第一村

杨玘屯村位于河南鹤壁东南，浚县城东，素有"中国泥塑第一村""泥玩具之乡"的美誉。

据《资治通鉴》记载：隋代末年，农民起义军，也就是瓦岗军，与隋军争夺黎阳（浚县旧称）仓，瓦岗军一名叫杨玘的大将，在这一带（大伾山东侧）屯兵。杨玘屯村因此而得名。

杨玘屯村是中国国家非物质文化遗产"泥咕咕"的集中产地，该村一千多户人家，几乎家家都捏泥咕咕。农闲时期，全家人都围坐在一起，和泥、设计造型，各司其职，技艺娴熟。制

浚县杨玘屯村

作出来的泥咕咕晾干透后，再拿到自家的小土窑进行烧制。谈笑间，一个个泥咕咕作品便制作出来了。每当那个时候，各家各户的窗台上、墙头上、灶台上，就摆满了他们精心制作的泥咕咕。

浚县古庙会

浚县古庙会有"中国的狂欢节"之称，距今已有1600多年的历史，是一种古老的传统民俗与民间宗教文化活动。

浚县古庙会集信仰、仪式、娱乐于一体，每年举办两次，一次在正月，另一次在八月，尤以正月庙会为盛。正月庙会贯穿每年的整个农历正月，一直到二月还熙熙不散，充满了浓厚的文化气息。

正月十六是古庙会的最高潮，这一天，民间社火队及一些艺术表演团在两山之间走高跷、舞龙、耍狮子、跑旱船、放火铳、

浚县古庙会

唱戏曲、耍杂技，锣鼓震天，热闹非凡。这个时候，当地的商人、民间手工艺人都在这里进行交流和展示。

　　捏制泥咕咕的手艺人也会在这个时候，带着制作好的泥咕咕作品，去庙会上叫卖。在庙会上，这些泥玩具深受孩子们的喜爱。浚县古庙会和泥咕咕的相互融合，形成了一种独特的民俗文化。

　　"浚县古庙会"和"浚县民间社火"在2007年，双双被列入河南省非物质文化遗产名录。

一段历史

在浚县，流传着这样一个故事：

隋末农民起义战争中，有不少起义军士兵伤亡。为了让士兵养伤，以恢复战斗力，大将杨玘在浚县屯兵。在这些士兵中，一些人有捏泥人的手艺。他们在闲暇时，经常用当地的胶泥捏造泥人、泥马等泥塑作品，以纪念阵亡的将士、战马。随着一部分士兵就地安置，泥塑手艺也在浚县代代相传。

所以，我们看到泥咕咕作品中有大量的战马、骑马人、水壶双音哨等题材作品，可能和隋末农民战争有关。

不过，也有很多人提出质疑，他们认为并不能就此断定泥咕咕就起源于隋末，虽然这个传说与《资治通鉴》中对这场农民起义战争的记载在地点上有吻合之处。从考古出土的文物来看，至少在汉代就已经有了成熟的泥咕咕作品：2002年春，在杨玘屯村东侧的一座汉墓里，出土了两个鸽子造型的彩绘陶制泥咕咕，高约12厘米。东汉思想家王符也在《潜伏论·浮侈篇》中说过："或做泥车、瓦狗、马骑、倡俳（奏乐和演歌舞杂戏的艺人，编辑注），诸戏弄小儿之具以马巧诈……"他虽然是想以此指责当时社会的不正之风，却从一个侧面反映了民间泥塑玩具在东汉时期就已经广为流传。

如果泥咕咕在汉代已经成熟并流行，那它诞生的时间就应该更早一些。所以，还有人将泥咕咕的源头向前推到了上古时期。

据《史记·五帝本纪》记载：五帝之一——高阳氏颛顼，最初封于高阳（今河北高阳县东），后来迁都于顿丘（今濮阳），教人们稼穑、礼仪、驯养六畜，于是"动静之物，大小之神，日月所明，莫不砥属。"相传，颛顼帝还在黄河岸边挖取胶泥，教人们按照驯养的猴、狗、鸡、马等动物形象进行捏制。人们将仿制好的泥塑作品放在家中，驱鬼辟邪，祈福纳祥。渐渐地，泥塑技术就在民间传播开了。此外，颛顼帝尚黑，被《吕氏春秋》称为北方黑帝，这个和泥咕咕黑色底色的美学特征相吻合。

所以有人认为，泥咕咕的历史发展脉络可能是这样的：起源于上古时期，在汉代工艺逐渐成熟，在隋末开始了规模化生产，然后再经过1000多年的发展，依托庙会、民俗的影响，演变成了我们现在所见到的泥咕咕。

一袭传统

作为中原地区的民俗艺术形式，浚县泥咕咕有着鲜明的地域文化特征，被民俗学专家称为历史研究的活化石。

在上文中，我们也提到了，浚县泥咕咕是一种传统文化的载体。比如，泥咕咕的作品中有很多涉及鸟图腾、虎图腾等，这与中原地区人们的民间习俗和信仰有关。

除此之外，浚县泥咕咕的创造者还特别喜欢用生殖能力旺盛的斑鸠、鸡、鱼、兔子等动物形象做题材，并以同样具有生殖繁衍意义、兼具美好寓意的莲花、牡丹、桃花等植物花纹来做装饰，赋予了泥咕咕求子、佑生的主题与文化寓意。

庙会上的泥咕咕摊位

在浚县一带,"泥咕咕鸡儿"最受妇女们喜爱,尤其是婚后不孕的妇女。她们会在赶会时买上一篮筐可爱的泥咕咕,在回家路上散发给所遇到的每一个小孩子,以图吉利。当地的孩子们深知这个习俗,所以一看见赶会回来的妇女,就赶紧凑过去,调皮地唱道:"给个泥咕咕,回家抱孙孙。给个咕咕鸡儿,生子又生孙。"

除了送泥咕咕求子外,浚县当地还有"拴娃娃""押子"等风俗。这些以泥咕咕为载体的祈子风俗,反映了人们传宗接代的繁衍愿望,是中国传统的孝道文化的一种体现。因此,有人说,泥咕咕是融入了儒家孝道和生育观的民俗艺术形式。

泥咕咕所蕴含的文化意义并非仅限于此,作为一种活态的民俗艺术符号,泥咕咕所隐含的民俗象征意义和社会文化信息,将随着时代的发展而越来越丰富。